JN280219

社会病理のリアリティ

山元公平・高原正興・佐々木嬉代三 編著

学文社

執筆者一覧

＊佐々木嬉代三	立命館大学特任教授	(序　章)
＊高原　正興	京都府立大学教授	(第1章)
＊山元　公平	(元) 大阪国際大学教授	(第2章)
高橋　裕子	立命館大学非常勤講師	(第3章)
藤井　友紀	立命館大学研究生	(第4章)
假家　素子	立命館大学カウンセラー	(第5章)
近藤　理恵	岡山県立大学専任講師	(第6章)
魁生　由美子	島根県立大学助教授	(第7章)
中村　正	立命館大学教授	(第8章)
石井　智之	法務省保護局総務課係長	(補　論)

(＊は編者　執筆順)

はしがき

社会病理学の歴史は，その「定義と価値判断」の問題が問われ続けてきた歴史でもある．その嚆矢は1943年のミルズ（Mills, C. W.）による社会病理学のイデオロギー性批判であり，当時の社会病理学は中産階級の価値を暗黙の前提として自明視しており，あからさまに主観的であるという批判であった．そして，その後の社会病理学的研究は主観的性質に禁欲的であろうとして，「社会病理」という価値判断を含む名称に対しても消極的になっていった．そして，研究者たちはおのおの独自に着目した問題の「科学的な基準」に基づいた定義を模索しつつ，潜在的な病理の発見に努めるようになったといえる．

しかし，中産階級であるかどうかにかかわらず，「逸脱」「社会問題」という名称を用いても，社会病理学的研究に立場性が伴うことは同じである．このことは，すでに1941年にフューラー（Fuller, R. C.）他が指摘している．「社会問題とは人びとがそのように考えるところのものであり，……もし，ある状態がそこに含まれる人びとによって社会問題として定義されないのであれば，その状態は，たとえ部外者や科学者にとっては問題であるとしても，そこにおける人びとにとっては問題ではない」．

また，社会病理・社会問題を定義するのは研究者だけではなく，すでに一般の人びとやマスメディアが定義している．そこで，研究者自らが定義するのではなく，社会病理学的研究に先行して流通している定義（顕在的な病理）を採用する立場もある．社会病理・社会問題現象を「定義活動」に関わる現象として主題にする場合には，これももっともな主張である．しかし，このように社会的に流通している定義を採用しても，それを採用すること自体にまた立場性が伴うことは避けられない．同様に，研究者が独自に定義した潜在的な病理の場合でも，それが一つの「定義活動」であることに変わりはない．

このように，社会的に流通している定義の採用であろうが，潜在的な病理の発見であろうが，いずれにしてもそれは研究者の立場性の表明である．したがって，批判されるべきは主観的・相対的であることではなく，それを客観的・普遍的であるかのように装うことである．また，「社会問題」というよりも「社会病理」という方が価値判断の性格は強くなる．それゆえ，あえて「社会病理」名称を採用することは研究者の価値的・規範的な立場性の表明であり，価値的・規範的であることが問題なのではない．本書の執筆者は，以上のような共通認識に基づいて，「社会病理」が価値的・規範的であることにむしろ積極的な意味をもたせて，それを前面に出して採用することにしたのである．

さて，日本社会は「高度経済成長」期以後，新たな段階に入っている．大衆消費社会の進展，市場原理の拡大と深化，メディア環境の変化，戦後家族とジェンダーの問題性……，現代の日本社会には，1980年代以前には考えられなかった社会病理と見なされる新たな現象が次つぎと出現している．近代化の一つの側面が「豊かさの達成」であるとすれば，ある歴史的段階までは，社会病理現象は「近代化」の恩恵を受けることができない部分において，すなわち，中産階級の生活様式から外れた部分において生じるという説明が説得力をもっていた．しかし，今日新たに追加された病理現象（リストカット，ニート，ひきこもりなど）は，むしろ「近代化」が達成されたことによって生じた病理現象であるといえよう（再帰的近代）．

同時に，すべての社会病理現象の原因が「貧困から豊かさへ」取って代わったわけではない．まず，従来からの病理現象の古典的な形態（自殺，犯罪，非行）は依然として存在している．しかし，その社会的な背景の分析には新たな視点が必要になっている．たとえば，古典的な原因は「近代化」の進展による豊かな消費社会化によって一層拡散し，以前よりもその問題性を深化させて作用し続けていると思われる．本書では，これら新旧のさまざまな社会病理現象が扱われている．

社会病理学は，個々の病理現象の単なる記述にとどまらず，その社会的な背景の分析を通してその社会の特質を浮き彫りにする．また，それは同時代の診断でもある．さらに，どのような対応がありうるのかを検討する．つまり，社会病理現象の実態の記述と社会的原因の分析に加えて，生じてしまった病理現象に対する実践的な対応（臨床的な関心など）が社会病理学に要請される．ただし，実践的な対応自体が新たな病理を生み出すこともあるので（パラドックス），社会病理現象の実態の記述とその社会的原因の分析と実践的な対応は，場合によっては重なることにもなるだろう．

2006年１月29日

山元　公平

本書の出版の企画は，立命館大学の佐々木嬉代三教授の定年退職を記念する意味も込めて，これまで社会病理研究に関わってきた「佐々木門下生」が共同執筆する形で進めてきたものである．そして，その編集を山元公平氏と高原が担うことにしてきた．しかし，この３名で出版企画会議を行い，書名『社会病理のリアリティ』を決定した翌日の１月30日に，山元公平氏が急逝するという悲しい出来事が起きてしまった．そのため，第２章「自殺を生み出す社会」は１月上旬に脱稿した氏の遺稿になってしまったのである．また，この「はしがき」の草稿は，その後山元永子夫人が氏のパソコンから発見したものであり，おそらく亡くなられる前日に修正を加えたものと推測され，遺稿中の遺稿になる．その草稿の趣旨を最大限生かす形で高原が文章化させていただいた．

何よりも，享年54歳で無念の死をとげた私たちの学兄・山元公平氏に慎んで本書の刊行を報告したい．そして，またも短期間に無理に発行の労をとっていただいた学文社の田中千津子社長にお礼申し上げる次第である．

2006年８月５日

高原　正興

目　次

序章
現代という時代の病理について

現代という時代をいかに読み解くべきかについては，各学問領域において多様な意見がありうるであろうが，しかし，社会という枠組みに限定し，しかも日本を含む先進的な産業社会を念頭におけば，消費文化の蔓延する中で格差社会化の進展が著しいという点が，共通の特徴として浮かび上がる．日本に即していえば，1960年代の経済の高度成長期を経て，70年代半ばには消費社会化が語られるようになり，バブル経済の崩壊した90年代初頭以降，次第に格差社会の進展が語られるようになった．いわば先行する消費社会の只中に格差社会化が持ち込まれ，両者の亀裂が顕著になりつつあるといえるのであるが，しかし，格差社会にあってなお消費文化は広告，宣伝，流行の創出などを通して，自己の存在を華やかに主張しているようなのである．その意味では，現代の消費社会化と格差社会化は，外見上の矛盾にもかかわらず，共存の可能性を秘めているようにもみえる．それとも，両者の並存は一時的で，遠からず矛盾の深刻化を迎えるとみなすべきなのであろうか．両概念の意味するところを押さえながら，この点から考察を深めたいと思う．

1　消費社会化

消費社会とは，さしあたり，生産よりも消費が価値付けられる社会だということができるが[1]，こうした傾向は，① 標準的な生活を営む上で必要と考えられる物が社会全般に行きわたり，② 必要を超えた消費の喚起が生産の維持・発展のために不可欠となり，③ かくして「消費は美徳」の名のもとに，諸個人の欲望を開発し，消費者のニーズを掘り起こし，その充足に向けて人びとを誘う仕組みが社会全般に浸透する時，一般化すると考えられる．もちろん，消費社会の裏には生産社会があり，そこでは物を製造し販売する競争が厳しく展開されているのであるが，そうであればこそ消費者のニーズに応えるという企業戦略が重要なのである．しかも，生活に必要な物の普及が一段落した段階では，必要を超えた威信のシンボルや個性のマークが物の独自性，というよりその物を所有する人びとの独自性を演出する上で重要になるし，さらに，より直接的に人間（の身体と精神）をターゲットにしたサービスの開発が精力的に進められ，人間自身が消費の最後のフロンティアとして浮上する[2)]．ここでは人間の美と力と健康が，人格的な魅力ともども，人びとの憧れの対象になるのであるが，しかし，今やこの憧れの対象は，かつてのように銀幕の彼方に輝くのではなく，茶の間のテレビで身近に微笑んでいるので，いわば慣れ親しんだ憧れとして，「自分らしさ」を求める私の小さな世界に適合的なのだ．適合しなければ，あるいは適合自体に飽いたならば，また別の慣れ親しんだ対象を探し求めれば済むのだが，このようにして私探しの旅は，起伏の小さい，時間の平面を巡回する．なぜなら，生活の必要を超えた過剰な欲望を喚起する消費社会では，流行現象を伴って推移する現在の時間の流れがすべてであり，伝統や風俗，儀礼や慣行等々によって規定された生活の時間は，それ自体の重さによって忌避される．いわば切り離された過去とまだ見えぬ未来との間に挟まれた，永遠に続く現在．それが消費社会の歴史感覚（歴史なき感覚？）とでもいうべきものであったのである．

ただし，誤解のないように２点付け加えれば，第１に現在の消費社会に私が満足しているわけではない．というより，人間の現在を絶えず平板化し，欲求不満に陥れ，この不満を解消する方向に人間を駆り立てることによって，消費社会は自らの存立の基礎を築いているのだといってよい．不満があるからこそ現在の私を超える欲望が生み出されるのであり，その意味で永遠の不満こそ，消費社会の活力の源なのである．けれども，かつて19世紀末にデュルケーム（Durkheim, É.）がいったように，人びとを永遠の不満に陥れる「欲望のアノミー」は，近代以降の産業社会一般の随伴物であり，現代社会に特有のものとはいえないだろう[3)]．現代社会に特有なのは，この永遠の不満が「貧しさ」の中でではなく「豊かさ」の中で，したがってまた，物の所有を越えて人間の生き方そのものが問われる段階において，感じとられていることなのである．その意味で，消費社会は欲望のアノミーが渦巻く産業社会の延長線上に位置するが，残された最後のフロンティアたる人間自体を欲望＝消費の対象に据えるがゆえに，もはや退路を断たれ，先行きも不透明な，産業社会最後の晩餐の時だともいいうるのである．

とはいえ第2に，開発された過剰な欲望に誘惑される私は，常に欲望喚起システムのいいなりになっているわけではない．私には私なりの趣味，関心，意図，流儀があり，それに応じて欲望の対象を取捨選択することが可能であり，そうであるからこそ私は主体的に私らしさを追求していると語ることができるのである．私は単に消費社会の舞台で踊らされているマリオネット（＝操り人形）ではなく，自らのシナリオを演ずるアクター（＝演者）でもあるのだ．けれども，同時に，選択する主体としての私が，アクターとして振舞うように舞台に誘い出されているという事実は残る．「自分らしくあれ」「個性的であれ」という囁きに耳を傾けながら，自分らしくあることにこだわって演技し続けるという事実は残る．その意味では，主体としての私が丸ごと消費社会の誘惑の対象になっているのであり[4)]，主体として誘惑され，主体的に振舞っているという眩惑が，舞台に生気を吹き込むのだ．逆に，眩惑が幻滅に変わる時，私は再びあるべき私を求めることになるのだが，このようにして繰り返される眩惑と幻滅の交代が，私の生と生活を空虚に彩るということも想定される．言い方を変えれば，産業社会の中でアイデンティティは，「与えられるもの」から「獲得するもの」へと変わり，消費社会の中で「獲得するもの」が，アイデンティティの外壁（地位，身分，財産）から内容そのもの（自分らしさ，個性）へと移る時，かつてない自由な選択に恵まれながらも，人は呆然とその前で立ちつくすことにもなるのである．

2　格差社会化

さて，もう一つの柱である格差社会化は，よりシンプルに，国民諸階層の所得格差が拡大し，「勝ち組」「負け組」と揶揄される二極化傾向が進行している事態を指している．それは，バブル崩壊後の日本社会を想起すれば明らかなように，市場原理主義を前提にした経済のグローバル化の中で，国際競争力を高めるべく，各企業がいっせいに構造改革＝リストラに乗り出した結果なのであり，とりわけ労働分野において，正規雇用の人員縮小とパートタイマーや契約職員，派遣社員などの非正規雇用の拡大が図られ，企業経営の安全性や柔軟性と引き換えに，雇用労働者の身分の不安定さが広がった結果なのである．しかも，こうした事態は国際的な潮流となっており，バウマン（Bauman, Z.）によれば（2001，p.208），「不安定性（身分，権利，生活の），不確実性（永続性と将来の安定の）と，危険性（からだと，自己と，財産と，近隣と，共同体の）の三層からなる現象」が，先進産業社会における「人間的苦悩の共通部分」になっているという．日本もこうした国際的潮流に巻き込まれ，ホームレス，ニート，フリーターなどと呼ばれる人びとの問題のみならず，より一般的に「働く貧困層（working poor）」と呼ばれる人びとの問題が，その将来展望のなさと相俟って，つとに社会的な関心を集めるに至ったのである．

しかも，今日の「不安定性と不確実性と危険性」は，その状態に陥った「働く貧困層」を捉えているだけではなく，明日はわが身の問題として働く中堅層の意識を縛るとともに，これから労働市場に参入せんとする若年層をも脅かす．現在進行中の労働市場の再編は，経済のグローバル化を背景に国際的な広がりを示すので，明日の突然の好転が期待しうるはずもなく，それだけにいっそう不況風の吹く現在の肌寒さが身にしみるというわけなのだ．ベック（Beck, U.）がドイツの状況を念頭において語るところでは（1998，p.175），「われわれの社会は二つに分裂しつつある．一つは，ますます減少しつつある多数派で，この人々は職場を確保している．もう一つは，ますます増加しつつある少数派である．彼らは，失業者や早期退職者や臨時雇い人や労働市場に接近する機会をもはやもたない人々である」．この後者をベックは「グレーゾーンに位置する人々」とも呼んでいるが，これらの人びとは何らかのハンディキャップ（教育歴が低い，資格や能力に欠ける，身体が弱い，外国人である等々）を負わされて,「個人的運命」として「新たなる貧困」に差し向けられる．この貧困の「新たなる」ところとは，繰り返しになるが，貧困が階級や階層の問題として経験されるのではなく，ハンディキャップを抱えた「運」の悪い個人の問題として経験される点にある．いや，目に付くほどのハンディキャップがなかったとしても，企業の倒産や吸収合併などを伴う荒っぽい産業再編の時期にあっては，その渦中に呑み込まれて喘ぐ人びとが続出するし，また東京一極集中の煽りを受けて，次第に衰退してゆく地方の苦悩が長期に及ぶこともありうるのだ．そして，この喘ぎと苦悩が，なお社会の表層を吹き抜ける消費文化の香りにかき消されて，多くの人びとに嗅ぎとりにくくなっているし，嗅ぎとられたとしても，消費文化を楽しむ多数者の世界からこぼれ落ちた，少数者の不幸な物語として取り扱われる危険が待ち受ける．実際，バウマンは述べていた(2001，p.45),「社会は危険と矛盾を生産し続ける一方，それらへの対処は個人に押しつける」と．

ベック流にいえば，ここに進行しているのは「社会的不平等の個人化」である．「個人化」とは,「自由と平等」の名のもとに社会の近代化を進める原動力であるのだが，産業化された近代は古き共同体を解体しつつも，それに代わる枠組みとして企業組織や労働組合や核家族などを用意して，諸個人をつないできたのである．だが，今やこれらの枠組みが音をたてて崩れ，人びとはまさに「甲羅のない蟹」として社会に放り出され，自己の運命に自己責任の原理で対処しなければならない．その意味で現在進行中の出来事,「新たな貧困」の創出は，避けがたい近代化の一環であり，逃れがたい近代人の運命なのである．だが，そうであるとすれば，かつて「自由と平等」と並んで「友愛」を掲げ，制度的枠組みにとらわれることなき他者への共感を謳った近代の精神の輝きは，冷ややかな個人化の進行の中で消えうせたのであろうか．デュルケームの述べた人格崇拝が天上に棚上げされ，ウェーバー（Weber, M.）のいう禁欲の精神が化石化した状況の後で，人生の勝ち負けをゲームのように競い，その運命を個人にゆだねてしまった人びとの耳には，辛吟する他者の声が「負け犬」の遠吠えのように聞こえるのであろうか．

おそらく，そうである．少なくとも個人化の進展が，リースマン（Riesman, D.）のいう「内部志向型」の強い個人主義者を生んだ国ぐにでは，このような強者の論理もまかり通るのだ．けれども，これらの国ぐにでさえ消費社会の到来とともに，情報に敏感に対応し仲間とともに生きる「他人志向型」の優しい若者の登場が語られていた．ましてや，もともと強い個人主義とは無縁であった日本では，昔ながらの集団主義（群れの秩序志向）と今日風の「他人志向」が合体して，消費社会に生きる若者たちを小さな群れの世界に閉じ込めていたように思う．だから，共感の構造が小さな仲間集団以上には広がらず，この集団を越えた広い世界は，情報を伝えるメディアの世界を別にすれば，いわば無縁の世界なのである．彼らもまたメディアを通じて格差社会化の進行を知っているし，それだけにハンディキャップの少ない多数派の世界をめざしながら，「ただ一人　only one」の私の物語を紡ごうとしているのであろうが，今この現在不幸に喘ぐ他者の声は，私の知らない別の世界の物語にすぎず，哀れさに涙が流れても，私との間に接点がなく，共感の糸がつながらないのだ．

では，ベックが述べた「ますます減少しつつある多数派」と「ますます増加しつつある少数派」の二つの世界が，断絶しつつも比率の上で限りなく接近した時に，また新たなる物語が紡がれるのであろうか．それとも，労働人口編成の上で多数派と少数派の比率が限りなく接近しても，もはや消費社会の生産メカニズム，必要な物を越える欲望生産のメカニズムを捨てられない産業社会は，生活に必要な物については安くインスタントに行きわたらせながらも，必要な物を越えたところで格差化を展開し，貧困問題の社会的顕在化を抑えるのであろうか．この場合には，意図的・政策的に，社会の不安定雇用層は安定雇用層側に組み入れられ，職なき貧困層が切り離されて，社会の不幸を一身にまとうことになるだろう．そしてその時には，消費社会化と格差社会化は手を携えて，少数の不幸の者を笑うことができるのである．

3　社会病理の位相

おそらく現代の日本では，消費社会化と格差社会化の二つの座標軸がもつれあって，現実の問題＝病理を構成している．多数派は消費社会を謳歌しつつも，埋めがたい生の空虚を抱えたまま，忍び寄る格差社会の影におののくことがある．少数派は格差社会の運命に抗いつつも，消費社会の影の部分を占拠して，その豊かさの剰余で自らの生活を支えることがある．あるいはまた，消費文化に絡めとられ，生活のリアリティの外に浮遊していた者が，気づけば格差社会の底辺へと吹き流されていることがあるし，「グレーゾーン」にある者が，格差の現実をみることなく消費文化に流されて，二重の疎外ともいうべき自己破綻への道を歩むこともありうるのだ．

そして，これまでの記述からすれば，消費社会化はアイデンティティにまつわる不安を産出し，格差社会化は働くことにまつわる不幸を産出することが多いのだが，しかし，働くことにまつわる不幸が死に直結し，アイデンティティにまつわる不安が仕事への悩みに直結することがある．さらに，消費社会化はとりわけ若者たちの世界を悩み多きものにし，格差社会化はとりわけ中高年層の世界を切り刻んでいるのであるが，無職をかこつ若者の増大も著しく，彼らが他者に不満と怒りをぶちまけることがあるし，逆に職を奪われた中高年層が，自らの不甲斐なさを呪いつつ，自死を選択することもありうるのだ．

このように，90年代以降の諸現象に限ってみても，問題＝病理の現れ方は決して単純ではないのだが，やや思いつくままに，いくつかの特徴を整理すれば，以下のようになる．

第1に，摂食障害やリストカット，不登校やひきこもりなど，若者を中心に次第に広がっていった内向きの「病理」がある．自己確認系の病とか私探し系の病といわれることもあるが，たとえば摂食障害のように，人生のステージが生徒，学生，就職，結婚，子育てなどと変化しても継続し続ける場合があるし，逆にひきこもりのように，人生のステージの変化を拒否して同一状態を保つ場合もある．前者の場合（摂食障害やリストカット）には，社会的存在としての自己への不安が身体を介して表出されているとみることができるのだが，かかる状態を脱したいと念じつつその状態に嵌まっている場合がほとんどなので，かかる状態には一種のアディクション効果，束の間の安らぎを与える効果があると考えられる．女性に多い「病」と考えられているが，この束の間の効果を越えた安定を人生の各ステージでいかに確保しうるかが，重要なのである．後者の場合（不登校やひきこもり）には，ステージの変化を呼び起こすことが何よりも優先されるのであろうが，変化に向かうエネルギーの備給をいかに行うかが大きな課題なのである．いずれにせよ，これらは豊かな飽食の時代の産物であるに違いないが，これらの「病理」を通して現代をナルシシズムの時代と呼び，ナルシシズムの時代をセラピーの文化と性格付けたラッシュ（Lasch, C.）の見解が想起される[5]．

第2に，児童虐待やドメスティック・バイオレンス，親殺しや子殺しに至る家族内部に生起する「病理」がある．これには自宅への放火・殺人も含まれる．親殺しは80年の金属バット殺人事件を，子殺しは70年代のコインロッカーベイビーズを直ちに想起させるから，決して今に始まった出来事ではない．だが，その後今日に至るまで連綿と継続している点に，消費社会化の中で顕在化する家族の病理の深さ，関係の亀裂の深さが読み取れるようなのである．その点，児童虐待やドメスティック・バイオレンスは，これらの言葉が公的認知を得た90年代以降に激増したという点で，構築主義的な社会病理の捉え方の絶好のモデルになっている．だが，ここでも問題になっているのは，親と子，夫と妻という家族関係の基本線の破綻であり，しかも近年，この破綻が家族の貧しさの度合いに呼応するかのように深刻化しつつあるとみられる点が注目される．物質的な貧しさが関係の破綻を呼んでいるのである．

第3に，ホームレスや障害者，高齢者や女性や子どもなど，弱者とされる者たちを対象にした攻撃が頻繁である．略奪，誘拐，詐欺，殺人などにおいて弱者が標的にされるのは世の常なのであろうが，弱者であること以外に標的に選ばれる理由がないと思われる点が特異なのである．世の中一般の恨みの対象に子どもが選ばれ，もっと面白いことを求める遊びの対象に障害者やホームレスが選ばれ，金品略取の目的に女性が襲われ，老人が狙われ，オヤジが狩られるという構図の中に，安易で衝動的で卑劣な，他者への配慮を一切欠いた自己本位的な行動が示されている．そして，いうまでもなく攻撃する側も，家族や学校や職場から落ちこぼれた社会的弱者であることが多いのだ．まるで，社会的弱者が肉体上の弱者を襲って，歪んだ自尊心と乏しい財布を満足させているかのようなのだ．ここにも，進行する格差社会化の影があるというべきであろうか．

第４に，ネット上のつながりの深さと広さをいかに考えるべきかを改めて問うような問題群が浮上している．ネット上に集団自殺の呼びかけがあり，それが見知らぬ他者の発した言葉であったとしても，その言葉がリアルであると感じとられ，関心を寄せ合う人びとが現実に集まることがある．ネット上のいさかいが現実の殺人に発展しうるのも，それが親しい友の発する言葉であるがゆえに，許せないという感情が募るのだろう．ネットを介した行為の帰結がいかに短絡的にみえようとも，そこにはネットの世界との関わり以前に，現に生きている世界で感得されているやり切れなさや怒りの感情が投影されており，ネットの世界はその感情の増幅に一役買ったということなのだろう．また，ネットとは関係のないことだが，人を殺す経験がしたかったという理由で，見知らぬ婦人を殺したという高校生がいた．殺人を成長するために必要な経験だと冷静に説明する理性とは，どのような理性であるのだろうか．殺す側，殺される側にも世界が広がっており，その連鎖の切断が悲しみや怒りや恨みの反応を引き起こすことが想像できないまでに，平板で奥行きのない，乾いた日常を送っていたということなのだろうか．やはりネットの世界以前に，現実の世界の渇きを見，行為者の心理を占う以前に，その生きる世界を知る必要があるようなのである．

そして最後になるが，近年最も注目されている社会病理の動向として，自殺の急増があげられる．98年以降連続して３万を越える自殺者数になっている．失業率の増大と自殺率の増大には相関関係があること，有職者よりも無職者の自殺率がはるかに高いこと，50歳代を中心にした中高年男性の自殺の増加が著しいこと，これらをつなぎ合わせれば，中高年層に襲いかかったリストラの波が自殺急増の背景にあり，日本の格差社会化の最もみやすい指標になっていることは明らかであろう．なお余談になるが，バブルのはじけた92年以来，高齢受刑者（60歳以上）の数が急増しており，しかも出所して１年以内の「出戻り」が多いといわれている．ひとたび出所しても，仕事もなければ受け入れ先もなく，刑務所の方が過ごしやすいという事情があるらしいのだが，これも考えてみれば哀れなむごい話ではある．日本における老人自殺率の高さを思い，いま中高年層が自殺に追い込まれつつある状況を見，刑務所を終の棲家と考えたい人びとのことを考えると，日本人および日本社会の行く末に希望をかけること自体が馬鹿馬鹿しい．かつてウェーバーが述べた「精神なき専門人，心情なき享楽人」という「無のもの」たちの世界が，でき上がりつつあるようではないか[6)]．

4　残された課題

以上，思いつくままに，90年以降目に触れた社会病理現象の諸特徴を列挙したが，個別のテーマに入ることを避けたので，やや一般的で分かりにくかったのではないかと思う．しかも，論じなければと思いつつ，結局論ずることのできなかった論点もいくつかある．たとえば，現在世間の耳目を揺るがすような凶悪な犯罪が，日本の都市的中心部分ではなく，その周辺あるいは周縁部で起こり続けているのはなぜかという問題であり，しかも犯行に手を染めたとされる人物が，やはり周辺あるいは周縁部の出身であるらしいのはなぜか，という問題なのである．こうした問題については，地方の「郊外化」とか「ニュータウン化」という言葉で答えを返すのが，最近の定型になっているようなのだが，もっと苦味を呑んだまなざしの点在する情景を，周辺や周縁に描いた方がよいと感じられる．中央から切り捨てられつつある地方に泡立つ病理．それは，消費文化の流れの中で格差に呻く人びとと同型の病理の構造をもっている可能性があると思うのである．

さらにまた，病理の「心理化」とか「医療化」といわれる問題についても，論じてこなかった．「心理」や「医療」で片付けられる問題は，どうぞそのように取り計らってくださいというのが，本書のスタンスなのである．それを越えたところで考えなければならない問題について，「社会」という枠組みをあてはめて考える．そして，個々の症例の差異がどうであれ，一定数以上の人びとが同じ症状を呈するとしたら，そこに個人を超えた社会の問題が現れていると考える．自殺しかり，摂食障害しかりである．本書は，そのように考える人びとが集まって作り上げたものである．取り上げられたテーマは違うし，テーマを見る論者の目も同じではないが，病理の社会性に注目している点で共通なのである．

最後に．では，これまでの「社会」という枠組みに収まりきれない問題の発生に，いかに対処すべきなのであろうか．念頭にあるのは，戦争やテロリズムといった国際的な紛争にまつわる病理であり，さらには，地球環境や生態系の秩序そのものに関わる病理なのである．ベックは「文明に伴う危険が地球的規模で拡大する」（1998，p.51）と述べ，産業化の進展に伴う自然科学の野放図な発展が地球規模の危険を産出するが，その危険は放射能や有害薬品のように人間の目には見えず，その危険を計測するのにも結局自然科学に頼らねばならないと語っているが，そうであるからこそ，その時どきの政治権力や経済利益の都合で隠蔽され，気づかれぬままに地球を手酷く蝕み，次世代の生存を危険にさらす問題群が次つぎ発生しているのだ．アフガニスタンでイラクで厖大な破壊兵器が使用され，破壊された村や街や人間の問題は注目されたが，その影響が幾世代にも及ぶであろう自然破壊の凄まじさについては語られることが少なかった．おそらく環境社会学や環境倫理学が警鐘を鳴らしていることとは思うが，我われもまた学際的な環境病理学の構築を急ぐ必要があるのではないだろうか．

・注

1)　消費社会の捉え方については，社会病理学講座第2巻『欲望社会—マクロ社会の病理—』(学文社，2003) 所収の佐々木論文，第5章「消費社会」を参照されたい.

2)　この点については，基礎的に，J. ボードリヤール著，今村・塚原訳『消費社会の神話と構造』(紀伊國屋書店，1979) を参照のこと.

3)　この点については，E.デュルケーム著，宮島喬訳『自殺論』(中央公論新社，1985) の第二編第五章「アノミー的自殺」を参照のこと.

4)　J. ボードリアールの近年の諸著作を参照されたい．たとえば，塚原史訳『パスワード』(NTT 出版，2003) では，「誘惑は生産のあらゆるシステムより強力だ」(p. 36) と述べている.

5)　C. ラッシュ著，石川弘義訳『ナルシシズムの時代』(ナツメ社，1981) 参照．本書の中でラッシュは次のように述べている，「今日の精神的風土は，宗教よりもセラピーに大きく依存する部分があるようだ．今日の人々は，ほんの一瞬でもよいから，自分が幸せで，健康で，精神的にも安心していると感じたいのだ」と (p. 25).

6)　M. ウェーバーの『プロテスタンティズムの精神と資本主義の精神』(岩波文庫) 下巻の末尾を見よ.「精神のない専門人，心情のない享楽人．この無のものは，かつて達せられたことのない人間性の段階にまですでに登りつめた，と自惚れるのだ」(pp. 246～247)

・引用文献・

バウマン，Z. (森田典正訳) 2001『リキッド・モダニティ』大月書店

ベック，U. (伊藤美登里訳) 1998『危険社会—新しい近代への道』法政大学出版局

第1章
棄てられた少年たち―非行と社会的排除

1 「現代型」非行と「古典型」非行

(1) 非行の「社会問題化・医療化」

これまで少年非行問題はしばしば世間の注目を集めて「社会問題化」され，そのような青少年の問題行動に対して社会の側が過剰反応するというモラルパニック現象を引き起こしてきた．近年では1997年の神戸連続児童殺傷事件がその典型例であり，その後に非行の「凶悪化」と「低年齢化」が強調され始める契機になった．そして，警察庁は当時徐々に増え始めた強盗事件をも意識して，「従来の非行防止対策を見直して，悪質な非行に対しては検挙を徹底する」方針の下，1997年８月に「少年非行総合対策要綱」を全面改定し，フォーマルな統制の強化に乗り出すことになった．1998年の「非行の第４のピーク」はこのような経過から社会的に構築され，2000年の少年法改定につながったといわれている．

また，当時から「動機なき非行」や「いきなり型非行」がマスコミによってさかんに報道されるようになり，それらが「ゲーム型」とともに「第４のピーク」の形容詞にもなっていった．神戸の事件では，14歳の少年の「透明な存在」が同世代の共感を集め，2000年の豊川市主婦殺害事件では，17歳の少年が「人を殺す経験をしてみたかった」と供述し，その２日後の西鉄バスジャック殺傷事件では，佐賀市の17歳の少年が「『三国志』の英雄・劉備になった気分だった」と供述して，世間を大いに驚かせたのである．そして，神戸の少年は「重症の行為障害」，豊川の少年は「アスペルガー症候群」，佐賀の少年は「解離性障害」と診断されて，いずれも医療少年院送致の保護処分が下された．このように，最近では動機のみえない「凶悪な非行」の原因はますます「医療化」される傾向が強くなっている．神戸事件が起こる前の1997年２月とこれらの事件発生の後の2001年２月の少年院入院少年を比較すると，医療少年院送致が約30％増加し，入院少年のうちで精神疾患（特に人格障害）の占める割合が約14％増加している．

(2) 非行統計からみる「現代型」非行と言説性

ところで，公的統計から少年非行の現状を概観すると（図表１-１，図表１-２），1998年以降もその人口比は比較的高く，依然として「第４のピーク」を形成し続けている．その中で，比較的軽微な非行といわれる初発型非行（万引き，自転車盗，オートバイ盗，占有離脱物横領≒放置自転車の乗り逃げ）の割合が増加して，2004年には主要刑法犯少年の74.3％を占めるほどになっている．このタイプの非行は1970年に初めて「遊び型非行」と呼ばれ，1982年の『警察白書』で「初発型非行」と改称されて，手段の容易性，動機の単純性，本格的な非行への深化の危険性が語られたものであり，「第３のピーク」といわれた1983年をすぎてから（1988年以降）常に70％前後を維持している．一方で，「凶悪犯」は1997年以降に1.5％前後を占めるようになり，その増加が強調されてきたが，2004年には1.2％に減少している[1)]．

図表１-１　主要刑法犯少年の検挙人員・人口比の推移

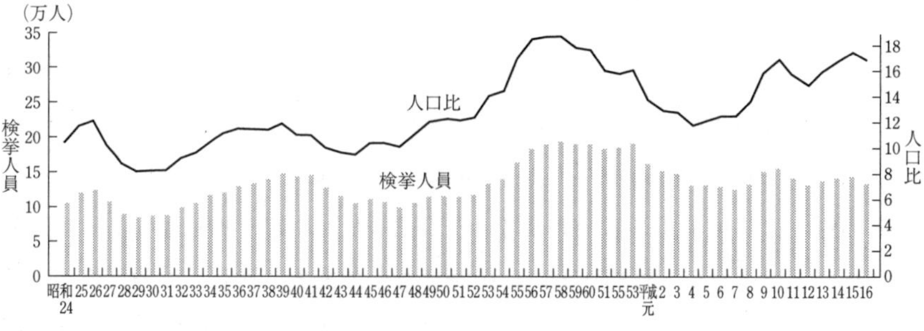

注）１　検挙人員とは，交通業過を除く刑法犯（ただし，昭和40年以前は盗品等に関する罪，住居侵入等を除く）で検挙した14歳から19歳までの少年をいう．

２　人口比とは，14歳から19歳までの少年人口1000人当たりの検挙人員をいう．

出所）『平成17年版　青少年白書』

図表１-２　主要刑法犯少年の包括罪種別検挙状況（平成16年）

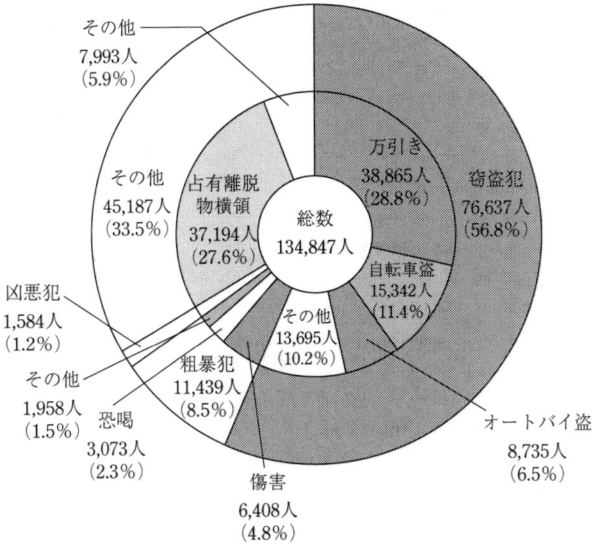

出所）『平成17年版　青少年白書』

また，年齢層別人口比をみると（図表１-３），14歳未満の触法少年と14～15歳の年少少年の人口比が落ち着いて低年齢化傾向は進まなくなり，その代わりに，後述する無職の年長少年による凶悪な非行が増えつつある．また，非行少年の家庭状況に関する統計は近年は示されていないが，1995年は，富裕2.2%，普通89.8%，貧困6.0%，被保護2.0%という構成比であり，実父母率は69.9%，単親家庭率は23.1%であった．つまり，非行少年の多くは貧困・単親家庭の出身であるという1960年代前半までの統計上の事実はすでに消滅している．

したがって，「現代型」非行とは，経済的には「普通」の両親家庭で育った少年が主に行う初発型非行（＝遊び型非行）のことであり，遊びの延長感覚から軽い気持ちで行われる一過性の非行ともいわれて，「非行の一般化・遍在化」傾向を表している．このような統計上の特徴からいえば，近年強調されている「非行の凶悪化・低年齢化」は，マスメディアや統制機関が上述のセンセーショナルな事件だけに焦点化して構築した「言説」にすぎない．ちなみに，2004

図表 1-3　主要刑法犯少年検挙人員の年齢層別人口比の推移

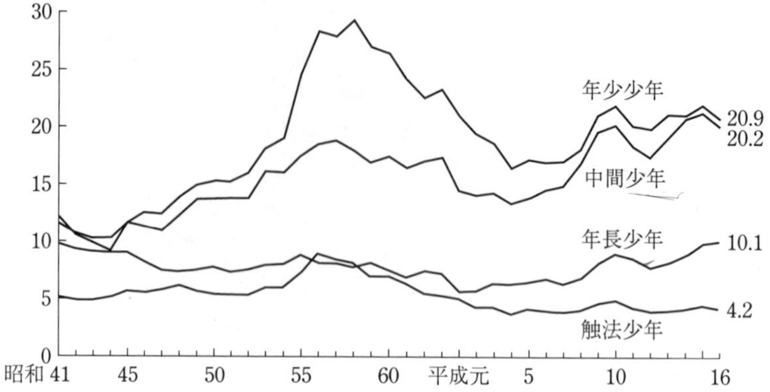

注）1　警察庁の統計及び総務省統計局の人口資料による．
　　2　「触法少年」は，補導人員である．
　　3　「人口比」は，各年齢層の少年人口1000人当たりの少年一般刑法犯検挙（補導）人員の比率であり，触法少年の人口比算出に用いた人口は，10歳以上14歳未満の人口である．
出所）『平成17年版　犯罪白書』

年の少年一般保護事件の家庭裁判所終局処理人員比によれば，審判不開始が74.2%，不処分が9.7%であり，このことは，家庭裁判所に送致される大半の非行が，比較的軽微で要保護性が低いものであることを示している．

(3)「古典型」非行と棄てられた少年たち

ところで，この家庭裁判所終局処理人員比において，検察官送致が0.3%，少年院送致が3.3%，保護観察処分が11.9%を占めている．そして，近年注目を集めている「凶悪な非行」はすべてこれらの事案に含まれており，それらは「現代型」非行とは対照的な「古典型」非行である場合が多い．「古典型」非行は家庭環境などの負因に由来する比較的固定したタイプであり，さまざまな家庭内葛藤が繰り返されるために要保護性が高く，子どもの社会化が不足して子どもの自己統制力が弱まった結果である．宝月誠によれば（2004　p.91），自己統制理論は「子どもの頃に両親から放置されていて，何が正しい行為かを家庭で教えられず，欲望をコントロールする訓練に欠けていたために，そうした性向（犯罪性向）が形成される」ことを説明したものである．

したがって，今日の少年非行においても「古典型」が依然として重要な問題であり，徳岡秀雄は，「重度非行少年」という処遇の最も困難な少年と「軽微非行少年」という「よりましな」少年を，処遇方針から対比させている（1987　p.259）．また藤川洋子も，非行少年の中でも施設暮らしの長い少年がおかれてきた家庭環境の負因を強調している．親の離婚・再婚・死別などによって彼らの養育環境は次つぎに変わり，そのために彼らはますます不安定になる．そして，その混乱がしばしば大人への不信感と反抗につながることがある．乳児院，養護施設，児童自立支援施設，少年院，刑務所という「生まれ落ちて以来の施設っ子」の社会的ハンディキャップは大きい（2005　p.150）．

そこで，非行少年の家庭が経済的に「普通」9割，実父母率7割というレベルになり，「非行の一般化・遍在化」が定着した今日において，なお貧困層に分類されざるをえない1割弱と，実父母が揃っていない3割の「古典型」非行少年の生活状況の負因は，相対的にますます大きくなっている．全世帯の年間平均所得額579.7万円（7年連続減）に対して，母子世帯は212万円という低所得であり，「生活が苦しい」という回答の割合は母子世帯が85.9％と過去最高になっている[2]．したがって，この世帯の所得調査から推測すれば，上記の1割弱の貧困層と3割の単親家庭の少年は重複していると考えられるので，現代の大衆消費社会において「古典型」非行少年はますます大きなハンディを被ることになる．彼らは社会規範の普遍性や文化価値体系の共有といった「一般社会」の一元的傾向から取り残されて，非行を意識的に選択するというよりは，むしろその家庭環境の負因に即応して，生活の一部として無意識に非行に走りがちである．

そこで本章のタイトルは，このような「古典型」非行少年を「棄てられた少年たち」と象徴的に表現している．なぜならば，第1に，一般少年や「現代型」非行少年と比べて，彼らは家庭環境に恵まれずに親から放置・虐待されてきた傾向が強いからである．第2に，彼らの多くは施設内処遇という保護処分（時には刑事処分）を受けて，しばしば世間の冷たい視線にさらされる可能性が強いからである．そして第3に，彼らに特徴的な学歴・職歴上のハンディのために，現代の社会システムは彼らを「勘定に入れず」に，彼らの将来の展望を奪っているからである．こうして，「古典型」非行少年は三重の意味で社会的に棄てられていると考えることができる．

2 「古典型」非行少年の素顔

(1) 無職少年の状況

2004年の非行統計によれば，主要刑法犯少年の学職別構成比に占める無職少年の割合は13.2%であり，近年は常に13～14%と増加傾向にある．無職少年を除いた14～19歳の非行少年の人口比は15.3であるのに対して，無職非行少年の人口比は50.7に達している．その中でも，凶悪犯の人口比は無職以外の0.14に対して1.37，粗暴犯の人口比は無職以外の1.18に対して6.93，シンナー等乱用の人口比は無職以外の0.17に対して2.65，覚醒剤事犯の人口比は無職以外の0.02に対して0.59と，極めて高い比率を示している．このように無職非行少年は，非行の内容によっては他の非行少年の約３倍から30倍にも及ぶ高い人口比を示している[3]．

このように，彼らは非行性が深化しているために，少年院新入院者に占める無職少年の割合は46.2%，新たに保護観察処分を受けた少年に占める割合は25.3%という高い比率になっている．2004年の無職の主要刑法犯少年は１万7760人であるが，同年の無職の少年院新入院者はその約14%にあたる2445人にのぼっている．さらに彼らを教育程度別にみると，少年院新入院者の中で「中卒＋高校中退」の占める比率は74.0%であり，無職少年のほとんどはこの中に含まれている．そして，少年院在院者の知能指数は，99以下の者が64.5%を占めている．ちなみに，少年院新入院者の実父母率は45.1%と極めて低く，家庭内暴力を起こした少年の２～３割を無職少年が占めている[4]．

したがって，無職非行少年を「古典型」と形容する根拠は，このような統計上の数値からも明らかであろう．彼らの低い実父母率と学力不振による学歴上のハンディは，まさにその家庭環境の負因の表れであり，彼らの家庭の文化資本の乏しさや監護能力の低さを物語っているといえよう．現代の厳しい競争社会の中で，多くの少年たちは無職—有職—無職の間をさまよい続けているし，学校教育の選別システムの中で望まない高校に進学して中退していく少年たちも，無職少年の予備軍として社会問題化して久しい．

(2) 少年院入院少年の状況

2004年の少年院新入院者は5300人であり，年齢層別構成比は18～19歳の年長少年が44.6%，16～17歳の中間少年が40.8%，14～15歳の年少少年が14.5%である．近年この構成比に大きな変化はなく，少年院送致になるような重大非行を行った少年の低年齢化は進んでおらず，過去に保護処分歴がある者の割合は66.6%である．

彼らの低い実父母率と学力不振による学歴上のハンディは既述のとおりであるが，さらに，法務省による彼らの被虐待経験に関する調査によれば[5)]，その50.3%が保護者から身体的虐待・性的虐待・ネグレクトのいずれかを繰り返し受けた経験をもち，そのような経験が一度もない者は約27%にすぎない．しかも，そのうち「ひどい身体的虐待」を28.6%の少年が受けていたのである．彼らの過半数は虐待を受けてもじっと我慢をして，その後に多くの少年たちは虐待から逃れるために家出をしていた（男子56.6%，女子81.1%）．そして，彼らの過半数が虐待を受けたために非行に走るようになったと回答しているのである．なお，日弁連の調査によれば，非行少年の約6割が被虐待経験をもち，再犯少年の55.4%が頻繁な被虐待経験をもっていた[6)]．

このような被虐待経験と重大非行との関連は，家庭裁判所調査官研修所による調査（2000）でも実証されている．つまり，重大非行少年の親は育児不安，借金，離婚などの問題を引きずって経済的・精神的に余裕がなく，幼少期から子どもを虐待し，問題行動に気づくとさらに厳しい体罰を与えていた．子どもは叱られるたびに，罪悪感や規範意識を深めるどころか，自分はダメ人間なのだという否定的な自己イメージと親への憎しみを増大させていく．この悪循環が問題行動を増幅させ，蓄積された憎悪にいくつかの他の要因が重なって，ついには殺人に至ったというわけである[7].

このように，トラウマと恐怖心を抱えて育つうちに，彼らが受けた「肉体と精神の傷」は「傷だらけのアイデンティティ」と「否定的アイデンティティ」をいとも容易に形成させる．そして，彼らは暴力に対する抵抗感を弱めて，心の底に他罰的な被害者感情を抱いてしまう．重大非行はその反動としての他傷行為であるが，同時に自傷行為に向かう場合も多い．上述の調査によれば，単独犯少年の7割に自殺願望があり，犯行前に深い挫折感があったことが明らかになっている[8]．つまり，内へ向かう人間の攻撃性（自殺念慮）と外へ向かう人間の攻撃性（他殺願望）との関連が指摘されているように，自分の人生に絶望している少年は他人を傷つけやすい．自己肯定感が低い少年は社会から注目されるために「自己実現型」の重大犯罪を犯すのである．

また，彼らの施設内処遇の経験は否応なしに他者ラベリングと自己ラベリングの機能を果たしてしまう．出院後にすぐ社会内処遇に移行しても他者ラベリングの壁にはね返され，これが再び逸脱増幅作用をすることがある．ちなみに，2004年の少年院出院者に占める就職決定者の比率は，男子32.4%，女子5.3%であり，10年前の男子50.6%，女子10.2%と比較して，就職がかなり困難になっている状況が明らかである（図表1－4）．日本の保護処分少年の再犯率は低いが（2004年の保護観察終了者で18.5%，同年の少年院仮退院者で24.5%），再犯を思い止まっても，心に傷を残す少年たちは少なくない．

(3) 「古典型」非行の事例1

かつて筆者は，「古典型」非行の事例として，1968年連続射殺魔事件，1988年名古屋アベック殺人事件，1989年女子高生監禁殺人事件を分析して，彼ら無職少年の救われない現実とマクロ社会の病理が彼らを最も汚染して，一元的社会観（オルターナティヴの消失）を感覚させることを述べた（高原正興，2002)．そして，既述のように，マスメディアが好んで報道するセンセーショナルな「動機なき非行」や「いきなり型非行」に隠れて，今日でも「古典型」の重大非行が新聞の片隅に散発的に報道されている．たとえば，豊川事件や西

図表1-4　少年院出院者の就職状況等（平成16年）

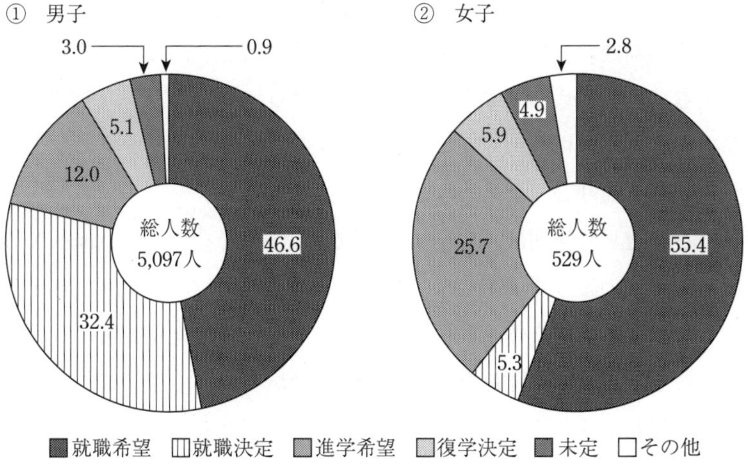

出所）『平成17年版　犯罪白書』

鉄バスジャック事件が続いた2000年上半期には，無職（16）の日田市老女強盗殺人事件，無職（18）の灘区クラクション殺人事件，無職（17）の埼玉県集団リンチ殺人事件，無職（15）の盛岡市放火殺人事件，無職（15）他の那覇市無職少年殺人事件などが起こっている．

これらの事件の中で，典型的な「古典型」非行として，2003年8月に起こった熊谷拉致殺傷事件をまず取り上げてみたい．同事件は，熊谷市内のアパートで飲食店従業員S氏（28）が刺殺され，同じアパートの同僚の女性他3人が拉致されて殺傷された事件である．主犯格の元暴力団員O（26）の他に，無職の少年（15）と少女（16）が逮捕された．少女を巡るOとS氏の金銭や交際のトラブルが事件の原因とみられ，少年は女性たちの見張り役だった．

16歳の少女は母子家庭．家庭の事情で何度も転校し，小6から欠席がちで金髪に染め，夜遊びが増え，中2以降は8割の欠席．中3の春に校長・警察・児童相談所・母親と更生の約束を決めるが，すぐ6月に家出．8月に児童自立支援施設に入所したまま中学を卒業．その春に施設を出ると再び外泊が増えた．15歳の少年は小5の時に両親が離婚．引き取った母親の病死により，養護施設や祖父母宅を転々．中2の秋から従兄弟の「保護者」名義でアパートで一人暮らし．次第に欠席が増えて，保健室登校もしばしば．家族のことは語らず，卒業文集には尾崎豊の「15の夜」を貼り付けただけ〔とにかくもう学校や家には帰りたくない．自分の存在が何なのかさえわからず震えている15の夜〕．その後は暴走族グループに近い存在になり，二人はJR熊谷駅で少年の友人の「ナンパ」を介して知り合ったという．

同事件を報道した新聞は，中卒後に就職も進学もしない子どもは約2万人いると伝えて，次のような識者のコメントを掲載している．「学校で支えきれない子どもに対する社会全体のシステムづくりが必要．児童相談所のケースワーカーの増員など行政の受け皿を充実させる．地域の再生も重要で，子どもに対する大人の視線は冷たく，学校に行かずに溜まっていると苦情しか言わない」と[9]．

⑷「古典型」非行の事例2

家庭裁判所調査官の経験がある廣井亮一は，これまで係わってきた非行少年のケースを分類・紹介しながら，家裁調査官の役割，少年審判や保護処分の意義を展開している．その中から，典型的な「古典型」非行である「施設っ子」のケースを以下に引用して紹介したい（廣井，2001　pp.71～83）．

A男の父親はアルコール依存症，大酒を飲んでは家族に激しい暴力．4歳の時に母親が父親から逃げるように離婚，A男は父親を嫌って家出，路上で何回も保護される．小学校入学後も家出と万引きを繰り返し，父親から暴力．小6で児童相談所に一時保護の後，当時の教護院に送致されるが，無断外泊の連続で連れ戻されて叱られる．中学入学から自宅に戻り，校内の不良グループに加入．教師相手の傷害事件で初めて少年鑑別所入所，保護観察処分で終わる．

しかし，A男は保護司の指導を無視，暴走族とつきあい，窃盗と暴走行為で逮捕，2度目の少年鑑別所入所．初等少年院送致になり，院内でも暴力行為や教官に対して反抗．中学卒業時に少年院を仮退院，暴力団事務所に出入りして恐喝事件で3度目の少年鑑別所入所．中等少年院送致になり，院内では専制君主的で，指導や懲罰を受けると激しく反発．さらに，18歳で暴力団の若頭，抗争事件で逮捕，４度目の少年鑑別所入所で現在に至る．

彼の18年間は，父親，教師，保護司，少年院の教官，家裁調査官，裁判官の支配から逃れるために反抗を続けた歴史である．しかし，調査官との面接や少年審判での試験観察決定を通じて，また，住み込み先の職場の親方の理解をえて次第に心を開いていき，現審判では保護観察処分の継続で終えることができた．この時に検察官送致か特別少年院送致になっていたら，その後Ａ男は刑務所を居場所にするような常習犯罪者になっていたと，廣井は推測している．

3　社会的排除の構造

(1)　社会的排除論の登場

岩田正美によれば（2005　p.6），「社会的排除（social exclusion）」の概念は，1980年代に若者の長期失業など従来の社会保障制度では対応できない集団の存在に直面したフランスに起源をもち，経済・政治・文化のあらゆる側面で，通常の機会や制度から切り離された特定集団の問題全体を指すものである．また藤田英典は，失業・貧困・暴力・犯罪・虐待・差別などの諸困難が特定の集団や地域に集中することを表すものと述べている（2005　p.96）．より抽象的に表現すれば，社会的排除とは，「『異常』や『逸脱』とみなされる個人や集団を，それらが所属していた社会集団や場の外部へと排斥し，囲い込むこと．排除は一定の規範にもとづき『正常－異常』の範疇や領域をしるしづけ構造化する社会的操作」[10]である．

ところで，少年非行問題については，これまで「新しい貧困」論や「相対的剝奪」論などが社会病理学理論とも関わりながらその分析を試みてきた．しかし，社会的排除論はこれらの諸理論を超えて，現代の新しい社会問題群の共通項（経済的不安定，低学歴・低技能，サポートネットワークの欠如，家族の弱体など）に対する共通言語になることが期待されている．つまり，第１に貨幣的資源に限定されない多元的な不利全体とその相互連関を理解する点で，第２

に時間軸・空間軸の双方から排除のプロセスなどを把握する点で，第3に排除する集団や機関への視点をもつ点において[11]，それは特に「古典型」非行少年がおかれた状況をトータルに捉えることができると考える．

なぜならば，前節で既述したように，まず第1の点において，彼らは家庭の経済的不安定だけでなく，被虐待経験も含むさまざまな家庭内葛藤や養育環境のハンディに影響され，学校教育から落ちこぼれて低学歴を余儀なくされて，自己統制能力や職業能力を身につけることができないという「多元的な不利」状況におかれている．そして第2の点において，彼らは時間的には家庭や学校教育から排除され続け，その結果として就労からも排除されがちである．また，空間的にはどこにも居場所を確保できず，最悪の場合は「施設っ子」として一般社会から隔離されてしまう．さらに第3の点においては，彼らは明らかに親や教師や大人社会から他者ラベリングという排除の視線を浴びて，「社会的に廃棄処分にされ，また自らを廃棄処分視するようになる」(高原，2002 p.160)．とりわけ，依然として集団主義的志向が強い日本では，ラベリングを回避して同調生活を維持できる多数派の陰で，他者ラベリングを受けて一般社会から排除される少数派の少年たちのハンディは大きいと考えられる．

このように，「古典型」非行少年は社会的排除の絶好のターゲットになってしまうが，その中でも特に少年院出院者は家族から排除されやすい．過去5年間の出院者の合計2万8923人のうちの約91%は家族が引受人になっているが，親に引取りを拒否されるなどして家庭に戻らなかった者が2582人(8.9%)にのぼっている[12]．また，少年院法務教官の82.7%が「指導力に問題がある保護者が増えた」と回答し，親の過干渉や両親の指導の不一致よりも，子どもに対する親の責任感や関心が不足していると感じているようである[13]．

(2) 階級格差社会からの排除

「古典型」非行少年が社会的に排除されやすい状況は，近年の「階級格差」の拡大によって一層強まっていると考えられる．OECDの調査によれば，国民平均所得の50%以下の所得しかない貧困者が占める「貧困率」は15.3%に増加して先進国第3位であり（OECD平均10.2%，18～25歳は16.6%），世帯別所得水準の上位2割と下位2割の開きは1990年代後半から急激に拡大して，2002年には168倍に達している（厚生労働省調査）．また，生活保護受給世帯は2004年10月に初めて100万世帯を超えて，教育扶助・就学援助を受けている子どもの割合は12.8%と10年間で2倍以上になり，貯蓄ゼロ世帯も23.8%と10年間で3倍に急増している．

そして，このような格差の拡大は同時に階級・階層の固定化につながっている．苅谷剛彦によれば[14]，保護者が流動的雇用層の場合，その子どもが無業者となる比率は18.1%で，平均9.4%の約2倍になっており，雇用の不安定さが親から子へと再生産される傾向が強い．その結果，不安定で不利な職業生活の再生産が進めば，社会を不安定にさせる「若者問題」が広がると述べている．ちなみに厚生労働省の調査では，就職後3年までに，中卒の7割，高卒の5割，大卒の3割が離職している（七五三離職）．その結果，頻回離職・転職する若者は未熟練労働者として漂流することになる．

今日では，この「若者問題」はフリーター・ニートの急激な増加としてすでに社会問題化しているし，階級・階層の固定化は「勝ち組」と「負け組」の両極化としても広く語られるようになった．たとえば，佐藤俊樹（2000）は，第1に，戦後社会を支えた「努力すれば途は開ける」という価値観が大きく崩れて，子どもが学校でがんばることや大人が職場でがんばることの無意味化が生まれていること，第2に，機会の平等についてのコンセンサスに断層が生まれて，出発点に恵まれなかった人びとは社会が不公平だと思い，その結果，自分からシステムをおりる人びとが出てくることを指摘している．つまり，将来に希望を持てる人と将来に絶望している人に分裂する「希望格差社会」（山田昌弘　2004）の到来である．

ところで，階級格差の拡大・固定化と少年非行との関係については，マートン（Merton, R. K.）のアノミー論やコーエン（Cohen, A. K.）の非行下位文化論がすでに展開した論点であった．マートンは1930年代のアメリカにおける開放階級社会（努力すれば途は開ける）の幻想と閉鎖的階級システムの現実（下層階級の達成手段の乏しさ）を語り，コーエンは中産階級的な文化価値体系から排除される下層階級の少年（working class boys）の生きざまを語った．特にコーエンの理論は，中産階級社会から見下されて地位を否定されていると感じてしまう下層階級の少年が，その反動から非行下位文化に居場所を確保するという状況を明らかにした点で，今日の「古典型」非行少年がおかれた状況に通じるところがある．

さて，当時のアメリカの閉鎖的階級システムと現代日本の階級格差社会の差異は，その背景となる大衆消費社会の浸透度にあると考えられる．消費資本主義化を背景にした現代日本の大衆消費社会は，少年の遊びの世界までもターゲットにするハイレベルの商品化社会であり，消費至上主義と金銭至上主義の蔓延が少年たちを巻き込んで，遊ぶ金欲しさや高額商品欲しさの非行に駆り立てている．したがって，今日の人びとの消費欲求は，日常生活のニーズに根ざした自律的・内発的欲求というよりも，他律的で疎外された欲求（欲望のアノミー化）である場合が多く，それはしばしば急速な商品化サイクルの渦に翻弄されがちである．携帯・DVD・カメラ・パソコンなどのIT関連機器や衣料・装身具などの高額ブランド化はその好例であり，このような消費・金銭目標を志向する少なからぬ家族のエゴイスティックな価値観は，紛れもなく子どもに大きな影響を与える．

しかし，大衆消費社会は消費・金銭目標をまさに「大衆的に」煽り立てるが，その達成手段である所得は今日の階級格差によってますます差異化し，先の調査で「生活が苦しい」と回答する世帯は55.8%と過去最高を記録している．多くの若年層は雇用形態の流動化によって非正規雇用を余儀なくされ，400万人を超えるフリーターの低所得（平均年収約100万円）は家庭をもつことさえ困難にしている．その結果，他律的な消費・金銭目標に刺激されながらも疎外されて傷つき，無目的に日常的非行の中を漂流する少年たちが次つぎに生み出されることになる．こうして，階級（希望）格差社会は大衆消費と中流意識の中で取り残された「古典型」非行少年のマイナス自我をますます強めて，すでに社会的排除の洗礼を受けた彼らに対するラベリングをも強めることになる．

(3) 学歴社会からの排除と離脱

「古典型」非行少年が社会的に排除されやすい状況は，依然として根強い学歴社会によっても進められている．学歴社会は，獲得した学歴・学校歴の高さが将来の社会的地位と所得を保障するという意味を含み，かつてはメリトクラシー（meritocracy：学校教育を媒介とする業績主義社会）に基づく社会といわれて，メリット（知能と努力）は学校教育によって平等に獲得されるという開放階級的な特性が主張されてきた．しかし，1980年代後半からメリトクラシーは実証的に批判されて「神話」化し，学歴獲得の機会は不平等であると指摘されるようになった．

そして今日，既述した階級格差社会はますます学歴獲得の機会の不平等を強めている．総務庁の家計調査によると，消費支出に占める教育費の割合は，年収５段階の最高層で約５～６％であるが，最低層では約３％で，この格差は長期的に拡大傾向にある．また，年収の上位１割の世帯は子どもの教育に月平均３万3600円かけているが，下位１割の世帯は6600円にすぎないという．つまり，「高所得者層が塾などの教育費にお金を費やし，学歴と高収入を『再生産』する姿が鮮明になりつつある」わけである[15]．その反対に，低所得者層は教育費にお金をかけられず，親世代の所得格差が子どもに受け継がれる機会不平等社会になりつつある．その結果，努力する者としない者の「分極化」が進んで，子どもの勤勉さの喪失や「学び」からの逃走が進行している．すでに1998年の東京都生活文化局の調査は，家庭で全く勉強しない中２生が43％に増えていることを示したが，2001年のベネッセの調査によれば，高校生の平日の校外学習時間が「ほとんどない」という回答は，学力上位層の7.7％に対して，学力下位層では47.1％にのぼり，「３時間以上」という回答は同じく21.1％に対して1.3％にすぎない．こうして，文化資本の乏しい家庭ほど「学び」からの逃走が過激に起こり，そのことによって家庭における文化資本の格差が一層拡大していく仕組みになっている．

また，日本の学歴社会は学力だけで少年たちを一元的に評価してオルターナティヴ（代替的選択の道）を閉ざし，学校の失敗を受容する装置を用意していない．より正確にいえば，学力の低い少年ほど，わずかに残されているオルターナティヴの可能性を見出すことができない．そして，学歴社会の中では，学校の学業成績と職業的キャリアの獲得をめぐる競争は少年たちにとって大きな重荷になっている．そのために，日本の少年たちはひとたび学校教育から落ちこぼれると，日常生活の居場所になる「対抗文化」をどこにも見出せないまま，劣等感にさいなまれることになる．そして，将来の自分の社会的存在を切り拓く展望を見出せず，相対的剥奪感に基づく不満をつのらせ，社会の抑圧感や排除感だけを感じとって，直線的に非行に走ってしまうのである．

こうして，機会の不平等による学歴社会からの排除は，同時に学歴社会からの「離脱」も促すことになり，既述した「学び」からの逃走はこの離脱を表すものである．15歳を迎える以前の早い時期での「落ちこぼれ」と学校に対する諦念感覚は，そのような少年たちに学歴獲得による上昇志向を捨てさせて，大衆消費社会における彼らの無目的な漂流をより強力に加速させる．そして，その帰結として，中卒か高校中退でピリオドを打たざるをえない今日の無職少年の存在があり，その後の彼らの離職率は「七五三」をはるかに上回るだけでなく，一度も職に就いていない者も少なくない．また，ただでさえ困難な若年層の就職状況の中で，雇用の流動化（短期化・派遣型化）がかつてない規模で少年たちを巻き込み，職業を通じて自己実現を図る可能性はいちじるしく減少していると考えられる．したがって，このような状況は無職少年たちを容易に「古典型」非行少年の予備軍に陥れることになる．今日の非行少年と一般少年の最大の差異は学業成績であるといわれ，「古典型」非行少年のこの差異は最大値になる．

こうして，優勝劣敗を当然とする市場原理社会は，階級格差の拡大と階級階層の固定化を強めて，学歴獲得の機会の不平等がこれを促進する．そして，家庭環境の負因のために落ちこぼれざるをえなかった少年たちの居場所を奪って排除する．彼らはすでに傷ついたアイデンティティを抱えながら，早々とこの社会から離脱し，窒息しかけた日常生活の不満を安易に暴力的に解消しようとする．そして，世間が彼らを競争に敗れた者，能力に欠ける者とラベリングするたびに，彼らは時に「凶悪な非行」を犯すようになるのである．

4　「負のまなざし」と社会の受け皿

(1)　遍在化する「負のまなざし」

これまで本章は「古典型」非行を中心に展開してきたが，現実的には「非行のボーダーレス化」が指摘されるようになり，一般少年―「現代型」非行少年―「古典型」非行少年の差異が縮小してきたといわれている．そして，その原因として，逸脱的文化の広がり，規範意識の低下，将来展望の希薄化，自己評価の低下などが多くの少年たちに共通するようになったといわれている．しかし，この差異の縮小はそれほど新しいことではなく，1960年前後の社会病理学理論がすでに主張していた．たとえば，サイクス（Sykes, G. M.）とマッツァ（Matza, D.）の1961年の潜在価値の理論は，冒険や興奮やスリルを求める気分，男性証明としての攻撃性，労働の蔑視，ギャンブル志向などをその内容としてあげたが，これらは「非行下位文化や下層階級文化とあまり変わら」ず，「もはや下層階級に限定されず，消費文化の大衆化とともに社会的に浸透して」いる価値であった（高原，2002　p.63）．この理論を現代的に解釈すれば，大衆消費社会は逸脱的文化をも商品化して，性の商品化や暴力文化・ギャンブル文化を広めているので，多くの少年たちは同じように短絡的・宿命論的・感覚的・攻撃的になると考えることができる．

そして，このような差異の縮小は３つのラベリングを介して，多くの少年たちに共通して「負のまなざし」を意識させるようになる．第１の公的ラベリングは，検挙・補導から家庭裁判所送致を経て保護処分に至る過程で付与され，非行少年の中でも「古典型」に対して最も強烈に作用する．第２のインフォーマル・ラベリングは，家庭や学校生活において親・教師・友人などから付与され，非行少年の中でも「古典型」に対して相対的に強く作用すると推測できる．しかし，このラベリングを避けるために「よい子」の演技によって周囲の期待に応えようとする一般少年たちも例外ではなく，彼らと「現代型」非行少年に対するラベリング作用の差異は小さい．この2つのラベリングは他者ラベリングであり，「世間の冷たい視線」「排除の視線」と既述したものである．

ところで，第3の自己ラベリングの付与は極めて状況規定的であり，一般少年と非行少年に対する自己ラベリング作用の差異はますます小さくなる．それは「マイナス自我」「否定的な自己イメージ」「低い自己肯定感」と既述したものであり，日本の少年たちの将来展望の希薄化や自己評価の低下に基づいていると考えられる．たとえば，日中韓の中3生の意識調査（2001年）によれば，「将来に大きな希望を持っている」という回答は日本が最低の29％であり[16]，日韓米仏の中高生の意識調査（2000年）によれば，「高い社会的地位や名誉を得ること」を人生の目標に掲げる回答は日本が最低の1.8％であり，「21世紀が希望に満ちた社会になる」という回答も日本が最低の33.8％であった[17]．また，日中米の中学生の意識調査（2002年）によれば，「私は自分にだいたい満足している」という回答は日本が最低の9.4％であり，「私は他の人に劣らず価値ある人間である」という回答は日本が最低の8.8％であった．

こうして，他者ラベリングはもちろんのこと，日本の多くの少年たちは自己ラベリングによって「負のまなざし」を形成しがちであり，そのために無力感を抱え込んで漂うことになる．つまり，少年たちの差異の縮小は「負のまなざし」の遍在化となって表出するのである．

(2) 施設内処遇のパラドックスと社会の受け皿

非行少年たちの非行性は同程度でも，その要保護性の程度によって施設内処遇と社会内処遇に分かれることがある．かつて「教護院の子どもたち」は，家庭環境などの負因のために要保護性が高いと判定されて送致された少年であり，1997年の児童福祉法の一部改正によって「児童自立支援施設」に改称してもその事情は変わっていない．少年院もこれと同様に非行少年の教育可能性に着目した矯正教育を実施するが，社会防衛のための隔離という意味も併せもっている．彼らに対する矯正教育は在宅では困難であり，家族・学校・地域で抱えることはできない．そこで，彼らの重度非行は国家責任で軽減させる必要があり，「古典型」非行少年にとって少年院は貴重な更生の場でもある．

ところが，生活・職業能力や社会化・自己統制力を涵養して社会復帰をめざす施設内処遇によって，結果的に家族や社会から長期間隔離せざるをえなくなるというパラドックスが生じる．そして，その隔離こそが時には少年の更生を妨げることがある．「累犯のパラドックスに入り込んだ少年は，非行を繰り返しては施設に収容されるという迷宮をさまよいながら，人格を否定され続け社会への出口を見失う」(廣井，2001　p.120）のである．事例2のA男は，3度の施設内処遇でも更生を果たせずに累犯に至った極端なケースであり，少年院仮退院少年の24.5%がこの累犯のパラドックスに入り込んだといえよう．

こうして，一般社会からの隔離経験はしばしば社会的排除につながる．彼らの就職決定率や復学決定率は低く，2004年の少年院出院者の就職決定率は男子が約41%，女子が約9%であり，同じく復学決定率は男子が約29%，女子が約19%である．就職も復学も決まっていない者の割合は，男子が62.5%，女子が88.8%にのぼる（図表1-4)．少年院帰りというラベリングによる「負のまなざし」のためか，依然として残る家庭環境などの負因を憂慮してか，それとも十分に軽減されていない非行性を回避してか，彼らを受け入れる職場や学校は限られており，出院者の多くは再び階級格差社会と学歴社会の荒波に放り出されている．また，おそらくは近年の日本人の治安感覚の悪化と「監視社会化」及び非行の「凶悪化・低年齢化」言説のために，「社会の，潔癖なまでの『悪』に対する嫌悪感と包容力のなさ」が進み，「昨今の社会の反応は，『非行を憎んで非行少年を排除する』ような様相」が強まっているといわれている（廣井，2001　p.214)．つまり，他者ラベリングによる「負のまなざし」の全面的な強化である．

ところで，社会的排除の概念の対として「社会的包摂（social inclusion)」の概念が注目を集めている．この概念は社会から排除されたり孤立したりしている人たちを包み込むことを意味するもので，次の３つの取り組みが要請されている[18]．第１に，排除や孤立状況にある人びとを社会に引き入れるという活動を伴うこと，第２に，地域からの排除をなくすために，その取り組みが町全体とか学校区単位とか面的な展開が求められること，第３に，自立をめざす施策であることである．とりわけ「古典型」非行少年や少年院出院者に対しては，社会的包摂の概念が示す「社会の受け皿」づくりが急務である．彼らを社会に引き入れるためには，職場や学校の確保とその「居場所」化が必要であり，特に地域における社会内処遇の充実がカギを握っていると考えられる．彼らを棄てる社会に未来はない．

・注

1）凶悪犯とは，殺人・強盗・放火・強姦を含む包括罪種名であり，2004年の凶悪犯少年1584人の中で，強盗が1273人（約80%）を占めている．このうち傷害罪を伴う「ひったくり」（＝窃盗）を中心とする路上強盗が約６割を占めており，1997年以降の路上強盗の増加が統計上の「凶悪化」をもたらした．

2）平均所得額は厚生労働省が行った「2004年　国民生活基礎調査」による2003年の数値である．なお，母子世帯の所得だけは同省が2003年に行った「全国母子世帯等調査」による2002年の数値である．

3）以上は，内閣府 2005『平成17年版　青少年白書』国立印刷局 p.40から試算した．

4）以上は，法務省法務総合研究所編 2005『平成17年版　犯罪白書』国立印刷局 pp.269～276による．

5）法務省法務総合研究所が2000年７月に少年院中間期教育課程在籍者（14～22歳）の少年を対象にアンケート調査を行ったもの．全在籍者の約半数にあたる2354人（男子2125人，女子229人）が回答している．

6）『朝日新聞』2001年11月４日付参照．

7）『日本経済新聞』2001年５月15日付「生活家庭」欄，原口幹雄による．

8）同調査は1997年から1999年に起きた13～18歳少年による15の事件を対象にしている．同調査によれば，単独犯少年10人に共通するのは，深い挫折感や追いつめられた心理から，ホラービデオや暴力的書物に熱中したり，凶器を所持する「前駆的行動」である．

9）『朝日新聞』2003年９月３日付「NEWS ダブルクリック」参照．

10）濱嶋朗他編 2005『社会学小辞典〔新版増補版〕』有斐閣，による．

11）以上は，2005年日本社会病理学会第21回大会のシンポジウム「見えざる貧困

―ソーシャル・インクルージョンの観点から」における岩田の報告レジュメを参考にしている.

12）『読売新聞』2005年10月12日付参照.

13） 法務省法務総合研究所編 前掲書，による.

14）『日本経済新聞』2001年12月１日付「教育」欄参照.

15）『日本経済新聞』2000年10月23日付「教育を問う」欄参照.

16） 筑波大留学生センターが2001年９～11月に行った調査.『朝日新聞』2002年１月11日付参照.

17） 日本青少年研究所が2000年７月に各国の首都で行った調査で，各1000人程度が回答.『朝日新聞』2001年８月１日付参照.

18）『朝日新聞』2005年５月15日付「生活」欄，炭谷茂による.

・引用文献・

藤川洋子 2005『少年犯罪の深層』ちくま新書

藤田英典 2005「階層・階級」宮島喬編『現代社会学 改訂版』有斐閣

廣井亮一 2001『非行少年 家裁調査官のケースファイル』宝島社新書

宝月　誠 2004『逸脱とコントロールの社会学』有斐閣

岩田正美 2005「貧困・社会的排除と福祉社会」岩田・西澤晃彦編『貧困と社会的排除』ミネルヴァ書房

家庭裁判所調査官研修所 2000『重大少年事件の実証的研究』司法協会

佐藤　学 2000『「学び」から逃走する子どもたち』岩波書店

佐藤俊樹 2000「『新中間大衆誕生』から20年」『中央公論』2000年５月号

高原正興 2002『非行と社会病理学理論』三学出版

徳岡秀雄 1987『社会病理の分析視角』東京大学出版会

山田昌弘 2004『希望格差社会』筑摩書房

第2章

自殺を生み出す社会――統計からみえる現実――

かつてデュルケーム（Durkheim, E.）は「自殺率は，……各集団に固有なものであり，社会集団を特徴づける一つの指標と考えることができ」，「したがって，この（自殺率という）傾向こそが社会学に属する固有の研究対象となる」と述べた（デュルケーム，1985　pp.30～32）．そして，さらにそれぞれの集団に存在するこの自殺率は「個人の身体的・心理的素質によっても物理的環境の性質によっても説明することのできない特有の自殺傾向」であり，その結果「自殺傾向が必然的に社会的原因に根ざすものでなければなら」ないと主張した（同 p.160）．われわれも「社会学的」という言葉をこのような意味で考えたい．本章は，この視点を基本的な立場とし，現代日本における自殺を社会構造的・歴史的にマクロな視点から考察することを課題とする．

1　全体の動向と性差

戦後日本における自殺率を，「人口動態統計」によってその年次的な変化としてみる時，そこには三つの山がある（図表2-1）．まず1950年代後半（1954～58年）に大きな山があったが，1960年代から70年代にかけては相対的に低かった．その後，1980年代半ば（1983～87年）に一時的に急増がみられたが，その後低下した．そして，日本の自殺は1998年に突如急増し，実数において3万人を越え，人口10万人当たりの人口比では25を突破した．この高い水準は2004年に至っても維持されており，これは1899年に統計がとられるようになって以来，1950年代後半と並んで最も高い水準である．本章の課題からすれば，今日の日本の自殺は，何よりもまず，この突如出現した高さにおいて注目されるべきであり，また，その出現の意味を全体として説明しうるような社会的変動のコンテクストの中で考察することが必要であろう．

図表２－１　日本の自殺率推移

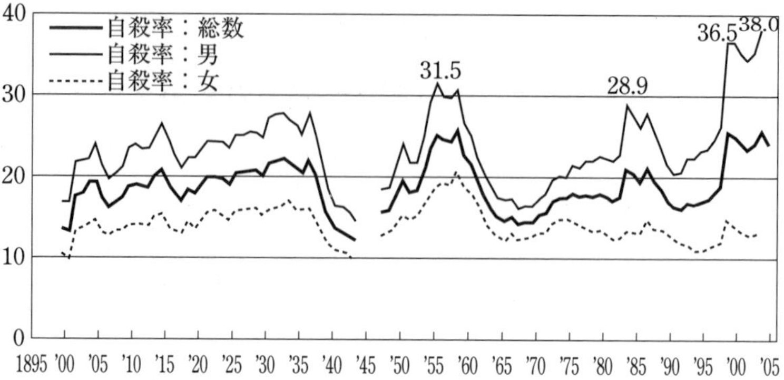

出所）『人口動態統計』より作成

しかし，このような最近の日本の自殺率全体の増加は，男女を区別してみると異なった様相を示す．ただちに明らかになるのは，特に男の増加が顕著であることである．1998年以降の自殺率は，男に限定してみると35を越え，1950年代後半の水準をはるかに凌駕する高さになっている．さらに，戦後の動向でとりわけ目に付くのは，男の自殺率の変動の大きさである．このことは，女の自殺率が1970年代より今日に至るまでその変動は小さく，比較的一定していることと対照的である．

そもそも過去100年間の日本の自殺を性差の点でふり返ってみると，男の自殺率は常に女のそれよりも高い．しかし，このことは統計が公表されているほとんどすべての国においてそうであり，特に日本だけの特徴ではない．むしろ，日本は諸外国と比較して男女の差が小さい方といえる．図表２－２に現れているように，1980年代以前の日本においては，男女の自殺率の差は，男が女のほぼ1.5倍前後で安定していた．しかし，1980年代に入ると両者の差は拡大し，1983年には２倍を突破した．その後一時期，差は小さくなるが，1990年代になって急速に男女の差は拡大し，2003年には2.8倍にまで広がっている．

こうした最近の自殺率における男女差の拡大は，時期的にみると，1980年代半ばと1990年代末からの自殺全体の増加時期と重なっている．このことは，も

図表２－２　男と女の自殺率の対比

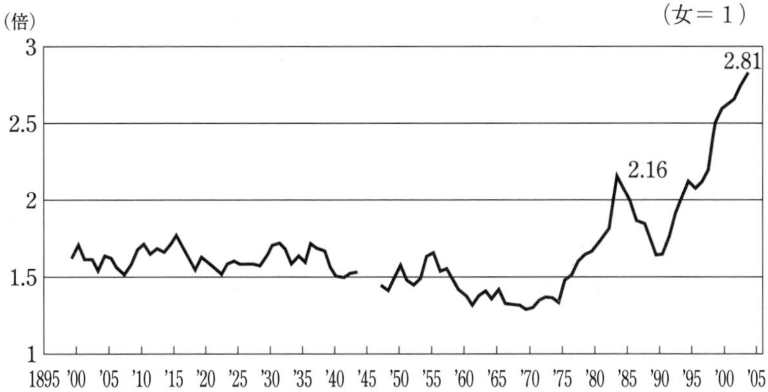

出所）『人口動態統計』より作成

う一つの大きな山であった1950年代後半においては，女においても男と同様の増加がみられ，男女の差の顕著な拡大としては現れなかったことと対照的である．1970年以前は男女の自殺率の動きは平行しており，相似形のグラフを描いていた．しかし，この男女の相似形は1970年代半ば以降に変化した．そして，70年代後半においては両者の逆の動きが自殺率全体の変化を相殺したが，1980年代半ばには，男のみの急増が全体の急増を生み出すことになる．同様のことは1990年以降の動向についてもいえる．まず，男に関しては，すでに1990年代初頭から増加傾向が現れている．当初は女の自殺率の低下によって全体としてはある程度相殺されていたが，1998年になると，男の激烈な急増が全体の急増を結果するようになったのである．1990年と比較すると，2000年の自殺者実数は全体で１万163人増加し，1.5倍にもなったが，そのうち男が9340人であり，増加分全体の実に92％を占めていることになる．

つまり，1998年からの自殺率全体の急増は，もっぱら男の自殺率の急増によるものである．同時に，男の自殺率の変動が全体の動向を左右するこの傾向は，1970年代後半にすでに現れ始めている．これらのことから，現在の「日本の自殺」は，日本人全体の問題というよりは，日本の「男の自殺」の問題であり，かつ，この特徴づけはここ四半世紀の傾向の延長上にあるということができる．

2 自殺と年齢

日本の自殺率は，全体および性差において変動がみられることとは別に，どの年齢層が強い自殺の傾向を示すかについても大きな変化がある[1]．

日本では高齢者の自殺率は相対的に高い．近年は以前よりも低下する傾向にあるとはいえ，戦前期から1990年代に至るまでは他の年齢集団との比較において常に高かった（図表2－3）．もっとも，高齢者の場合，自殺以外の要因による死亡数も多く，死亡率全体が高いので，結果として高齢者の死亡総数の中で自殺が占める割合は極めて小さくなる（図表2－4：D列）．さらに加齢とともに人口そのものも減少してゆき，たとえ自殺率においては高い数値を示したとしても，自殺者の実数そのものは減少してゆき，結果として日本人全体の自殺総数の中で高齢者の自殺が占める割合も小さくなる（図表2－4：C・E列）．しかし，これらの数値は高齢者の自殺に対する社会的な可視性を小さくするものであっても，高齢者という年齢集団が高い自殺傾向を伴っていたことを否定するものではない．

高齢者の自殺率が他の年齢よりも高くなることは多くの国にみられる．しかし，必ずしもすべての国がそうではないことにも留意すべきである．すなわち，生物としての個体が加齢とともに遅かれ早かれ老いること自体は社会を越えた共通の事実であるが，このことが社会的な存在としての人間にとってもつ意味は社会的・文化的環境によって異なるということである．高齢者の自殺が恒常的に高かったという事実は，戦後日本における高齢者をめぐる構造的な問題として社会学的に考察されるべき独自な課題ではあるにしても，それが恒常的な高さであるがゆえに，90年代末以降の自殺率全体の急激な変動を考える上では，中心的な考察対象とはならない．

青年の自殺率は，戦前期から1950年代前半においては10歳代後半をも含めて多少高くなる傾向があった．さらに，1950年代半ばから後半にかけて，20～24

図表 2 - 3　各年度の年齢別自殺率

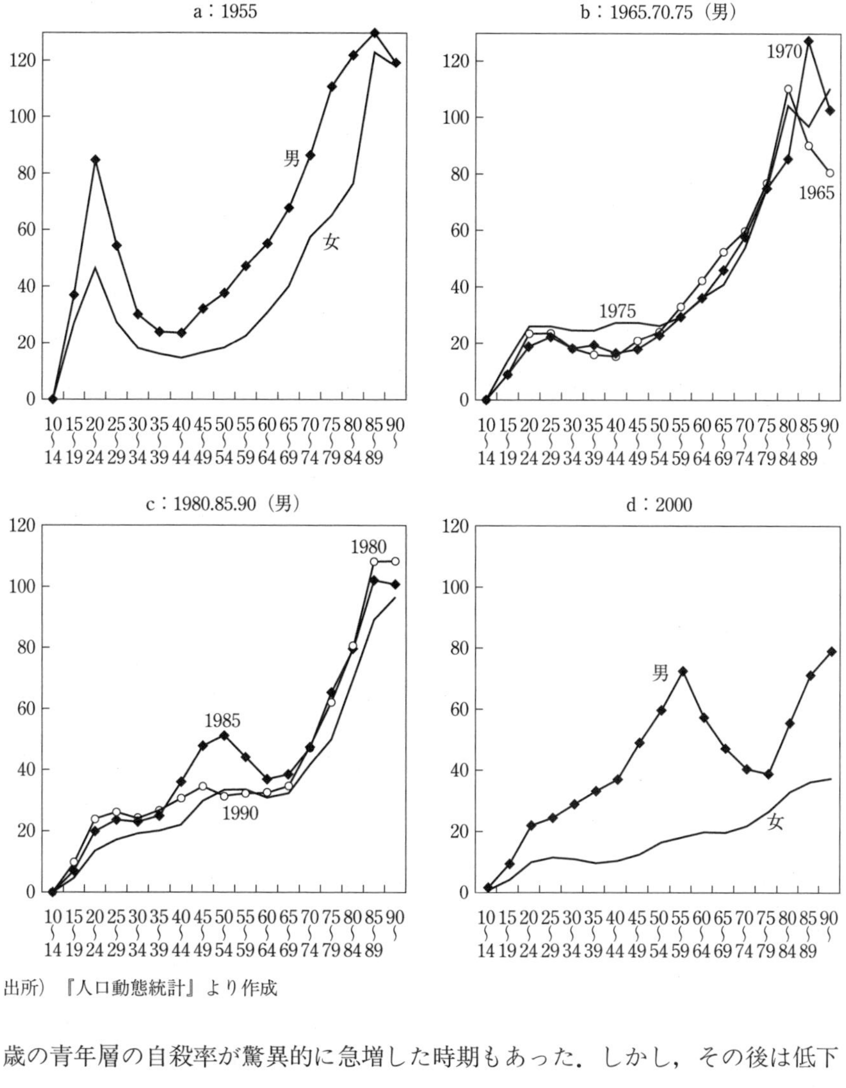

出所）『人口動態統計』より作成

歳の青年層の自殺率が驚異的に急増した時期もあった．しかし，その後は低下し，今日に至るまで低い水準で安定している（図表 2 - 3）．たしかに，1990年代末以降の自殺率の急増はこの年齢層にも反映しているが，その増加の程度は全体的な増加の中では特筆すべきほどではない．もっとも，青年の場合には死亡総数の中で自殺が占める割合が 3 割以上と非常に高いことをもって，青年の

図表2－4　年齢別自殺の規模を表す数値

2000年	A：死亡総数	B：死亡率(対10万人)	C：自殺実数	D：死亡総数中の自殺構成比(%)	E：自殺総数中の各年齢層構成比(%)	F：増加数(対1990)	G：実数増加率(対1990)	H：自殺数(対10万人)
総数	961,653	765.6	30,251	3.15	100.00	10,163	1.51	24.1
0～4歳	5,269	89.9	—	—	—	—	—	—
5～9	738	12.3	—	—	—	—	—	—
10～14	744	11.4	74	9.95	0.24	27	1.57	1.1
15～19	2,397	32.2	473	19.73	1.56	92	1.24	6.4
20～24	4,035	48.6	1,331	32.99	4.40	403	1.43	16.0
25～29	4,817	50.0	1,740	36.12	5.75	675	1.63	18.1
30～34	5,596	65.0	1,740	31.09	5.75	645	1.59	20.2
35～39	7,046	88.3	1,717	24.37	5.68	439	1.34	21.5
40～44	10,479	136.0	1,830	17.46	6.05	102	1.06	23.7
45～49	19,736	223.1	2,713	13.75	8.97	732	1.37	30.7
50～54	35,843	344.9	3,934	10.98	13.00	1,915	1.95	37.9
55～59	45,992	528.7	3,915	8.51	12.94	1,978	2.02	45.0
60～64	60,680	786.9	2,967	4.89	9.81	1,316	1.80	38.5
65～69	89,058	1,255.8	2,348	2.64	7.76	1,000	1.74	33.1
70～74	116,528	1,978.4	1,788	1.53	5.91	463	1.35	30.4
75～79	131,000	3,164.6	1,295	0.99	4.28	-78	0.94	31.3
80～84	147,060	5,635.6	1,063	0.72	3.51	-11	0.99	40.7
85～89	148,980	9,735.1	721	0.48	2.38	137	1.23	47.1
90～	124,932	17,836.3	335	0.27	1.11	147	1.78	47.8
不詳	723		267	36.93	0.88	181	3.10	

出所）『人口動態統計』より作成

自殺を深刻視する向きもある（図表2－4：D列）．しかし，そもそも青年の死亡総数やその死亡率自体が，年長者のそれにくらべて極めて低いのである．つまり，こうした死亡総数の小ささの結果として，その中で自殺の占める割合が高くなるのであって，この構成比の高さは，青年という年齢集団がその他の年齢集団よりも強い自殺傾向を伴っていることを示すものではない．

これらのことから，戦後の日本の年齢別自殺率における基本的特徴を描くことができる．高齢者の自殺率は恒常的に高く，また，青年の自殺率は1950年代後半では高かったが，その後低下し，今日に至るまで相対的に低い水準を保っている．つまり，年齢とともに高くなっていくのが，自殺率が低い水準で安定していた1960～70年代の基本パターンであったといえる（図表2－3－b）．

しかし，最近の自殺の年齢別動向をみる上で注目すべきは，中高年の自殺率の増加である．中高年の自殺は，他の年齢層の動向の中でみる時，戦前から1980年代まで特に目立った位置にはなかった．1950年代の青年の自殺率が高かった時期には，青年と高齢者の二つの山の間にある谷にあり（図表2－3－a），青年の自殺率が低下した1960年代から80年代初頭までは，青年から高齢者へと漸進的に高まっていく全体の過程における中間段階をなしていた．戦後の第2の山である1985年前後には，50歳代前半を中心として40歳代後半から50歳代の増加傾向が現れ始めたが，1990年代に入ってこの特徴は小さくなり，再度，前述の年齢別自殺の基本パターンに近くなる（図表2－3－c）．しかるに，1998年以後の第3の山においては，50歳代とりわけ55～59歳代の自殺率が急増している．この時期に50歳代の自殺は自殺率において高い数値を示すのみならず，実数においても2000年の7849人という数値は自殺総数の1/4以上（26%）を占めており，さらにそれは1990年の50歳代の自殺者数（3956人）の約2倍（1.98倍，3893人増）であり，他の年齢層に比べて特に高い増加率を示している（図表2－4）．50歳代の自殺は，1990年代末からの自殺の増加の中核部分をなしており，今日の日本の自殺は「中高年の自殺」の問題として特色づけることができる．

もう一つ無視できないのは，こうした年齢上の特徴は性差によって現れ方が異なっているという点である．2000年の50歳代の自殺者実数は対1990年で男は2.4倍（3561人増）にもなるが，女は1.2倍（332人増）にとどまる．また，20歳代前半の青年層が増加の中心部分であった1950年代後半の自殺においては，男の青年層が増加しただけでなく，女の青年層もそれと相似的な形で増加した（図表2－3－a）．そこでは，青年の自殺の増加はけっして男だけの現象ではなかった．それに対して，90年代末以降の50歳代後半の増加は，もっぱら男のみにみられる現象である（図表2－3－d）．これらのことから，今日の「日本の自殺」は「男の自殺」の問題であるが，より限定していえば，50歳代を中心とした「中高年の男の自殺」の問題であるといえるだろう．

3　世代との関連

1990年代末以降の50歳代後半の男を中心とした自殺率の増加の事実は，どのように説明されうるだろうか．たしかに，問題となるのは特定の年齢層の現象である．しかし，過去の日本において50歳代の自殺率は常に高かったわけではない．したがって，中高年には何らかの年齢的な特性があるとしても，そのこと自体にのみ自殺の理由を帰属するわけにはいかない．求められるべき理由は，特定の年齢層に自殺率の変化を生み出す社会的な要因である．

年齢という属性による説明とは別に，より社会的・歴史的な視点に立つものとして，ある時期に生まれた者もしくはある時代に特定の経験をした者の属性に関連づける世代論的説明，あるいはコーホート効果といわれる説明がある．今日の中高年の自殺に関していうならば，まず思いつくのは1950年代後半に20歳代前半で，その時期に極めて高い自殺率を示したコーホートとの関連であろう．だが，こうしたコーホートは現在の自殺の説明にとってどれほど意味をもちうるのだろうか．

戦後の自殺率における第1の山であった1954年から58年に20〜24歳であった世代とは，1930年から38年の間に生まれたコーホートである．図表2-5では，Aグループ（1929〜33年生）の大部分とBグループ（1934〜38年生）がそれに該当する．これらの世代は，1980年代半ばに40歳代後半から50歳代前半の自殺率が上昇した際に，再度自殺率の上昇を示す．だが，この世代は，その最年少部分においては1998年以降に中高年の高い自殺率を示しているコーホートの最年長部分と隣接するにしても，全体としては後者よりも上の世代であり，最近の自殺増加にとって中心的な部分とはいえない（図表2-5）．

他方，今日，中高年で高い自殺率を示している世代とは，1998年に55〜59歳となったCグループ（1939〜43年生），2003年に55〜59歳となったDグループ（1944〜48年生）の間のコーホートであり，さらに，50歳代前半をも含めると，2003年時点で50〜54歳であるEグループ（1949〜53年生）も含むことになる．つまり，それは，1940年代生まれを中心とした1939年から1953年生まれまでを含む，かなり広範囲な集団である．

今日，高い自殺率を示しているこれらの中高年の側から逆算してみた場合，これらの世代はかつてどのような自殺率を示していたのだろうか．1954年から

図表2-5　年齢別自殺率推移（男）

	1953	1958	1963	1968	1973	1978	1983	1988	1993	1998	2003	
総数	24.4	30.7	18.9	16.5	20.2	22.0	28.9	23.8	22.3	36.5	38.0	
00〜04歳	−	−	−	−	−	−	−	−	−	−	−	
05〜09	−	0.0	−	−	−	0.0	0.0	0.1	−	0.0	−	
10〜14	0.8	1.1	1.3	0.8	1.7	1.3	1.3	1.0	0.8	1.8	1.0	
15〜19	25.1	31.4	11.0	9.6	12.5	12.7	8.9	5.6	5.3	10.8	8.8	
20〜24	58.8	78.2	31.4	19.2	26.1	25.8	24.2	15.9	14.6	21.9	21.5	
25〜29	41.4	54.2	30.9	23.1	23.3	26.4	28.3	21.9	17.1	25.8	29.2	
30〜34	23.7	27.2	20.3	16.9	21.8	23.9	28.7	21.8	19.3	28.8	32.9	
35〜39	20.8	23.3	16.8	15.9	22.6	26.4	30.9	25.2	22.7	33.3	37.2	
40〜44	20.2	21.8	17.1	14.8	23.5	30.4	43.6	28.1	25.8	37.5	49.0	
45〜49	27.2	28.1	20.2	17.7	21.2	31.0	52.5	37.9	33.0	50.4	56.0	
50〜54	29.5	35.1	25.5	23.6	22.7	30.2	55.6	44.8	39.6	65.8	66.0	⇦E：1949-1953生
55〜59	43.0	49.7	32.4	27.9	30.4	28.7	46.0	41.0	39.8	70.2	71.1	⇦D：1944-1948生
60〜64	51.4	52.2	42.6	35.4	37.5	31.5	39.3	33.9	35.5	62.1	58.4	⇦C：1939-1943生
65〜69	61.7	71.4	48.6	47.4	50.4	39.8	41.9	37.3	30.7	53.3	49.4	⇦B：1934-1938生
70〜74	81.8	84.7	57.6	55.7	58.0	51.1	48.6	41.5	33.4	42.4	39.5	⇦A：1929-1933生
75〜79	108.0	116.6	76.2	65.2	79.3	69.5	66.3	58.7	38.3	46.9	36.9	
80〜84	124.0	122.8	111.5	92.4	98.9	79.1	99.2	79.3	54.2	68.9	45.5	
85〜89	124.0	110.2	90.9	92.8	107.5	98.0	111.9	106.2	86.7	81.4	64.5	

出所）『人口動態統計』

58年における青年の自殺率上昇との関連では，1990年代末以降に中高年を迎えたこの世代は，その年長の部分（1998年に55〜59歳のCグループ）でさえ，1953年で10〜14歳，1958年でもまだ15〜19歳であった．この世代が20〜24歳であったのは1963年であり，すでに青年を中心とした自殺のピークは収束しつつあった．また，より年少の部分（2003年に55〜59歳のDグループ）は，1953〜58年ではまだ5歳から14歳であった．この世代が20〜24歳であったのは1968年であり，それは青年の自殺率がピーク時の1/4以下となり，むしろ一つの谷になりつつある時期であった．

さらに，1998年以降に中高年となった世代（1939〜48生）は，1983〜87年の第2の山の当時は36-48歳であり，その年長の部分はこの時期に高い自殺率を示した層の年少部分として重なるが，それ以下の出生コーホートはこの時期の自殺増加の中心部分であったとはいえない．つまり，1998年以降高い自殺率を示している中高年は，過去のピーク時に高い自殺傾向を示した世代と重なるとはいえず，これまで顕著な自殺率の高さを示してきた世代というわけではない．このことは，2000年以降に中高年になって，依然高い自殺率を示している世代について，より明白になる．

これらのことから次のことがいえる．今日の50歳代後半の男の自殺率の高さは，彼らがコーホートとして強い自殺傾向を有するといった視点からは説明できない．もちろん，この世代には固有の価値観が共有されているということはありうる．したがって，過去に高い自殺傾向を示していないことは，そのコーホートの潜在的な意義を全面的に否定することにはならない．しかし，仮に特徴的な価値観が共有されているとしても，これまではそれが自殺と結びついた形跡はないのであるから，直ちにそれ自体に自殺の原因を帰属するわけにはいかない．つまり，価値観や経験の共有が問題なのではなく，むしろ，1990年代末から2000年代初頭の日本社会のどのような特徴が，その時に特定の年齢になったこれらの世代の自殺率を上昇させたのかが問われるべきである．いいかえれば，現代社会の中で中高年の男として生きるということは，どのような意味をもつのだろうか．

4　産業・職業構造の変動と自殺

現代日本の自殺の増加は，さまざまな社会的な要因と因果的に関連していると考えられるが，その中でも職業との関連に注目することにはとりわけ意味があると思われる．なぜならば，自殺を（あるいはその男女差を）社会生活の中での行為として理解し，さらにその社会生活を全体社会の構造の変化の中で位置づけようとする場合，まず個人の側からみれば，職業生活は諸個人の社会への関与において主観的にも客観的にも大きな位置を占めること，そして，戦後日本における社会生活の営み方をめぐって男女の差が明確に表現されるのも，また，職業生活への関与の仕方においてであるからである．他方，職業生活の変化は全体社会の構造の変動と密接に関連しており，したがって，自殺と職業の関連をみることで，自殺を全体社会と関連づけることができるからである．

1965年以後の職業別自殺率をみると，農林漁業従事者の自殺率は他の職業の従事者よりも常に相対的に高いという事実がある（図表２-６）．1950年代後半の増加時期には，他の職業の自殺率も高かったため，農林漁業従事者の自殺率はたしかに最も高かったとはいえ，その差は際立ったものではなかった．しかし，1960年代以降，他の職業の自殺率が低下する中で，この職業のみは高い水準を維持し，90年代に至るまでその高さは突出したものになった．そして1990年代末以降においても，いくつかの他の職業の自殺率が高くなり，その差は相対的に小さくなったとはいえ，この職業の従事者は依然として最も高い自殺率を保っている．このことから，高度成長期が始まって以降の日本において，農林漁業従事者は恒常的に高い自殺への圧力にさらされてきたということがいえる．

しかし，このデータから，農林漁業に従事する者の自殺率の高さは，その原

図表２-６　職業別自殺率（男15歳以上）

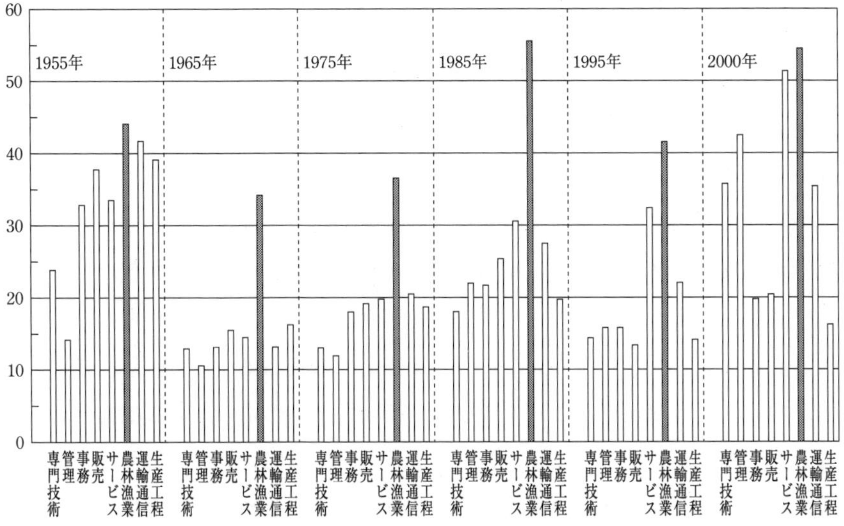

出所）『人口動態統計』より作成

因を職業という属性に帰属して説明されうるであろうか．これはそう単純にはいえない．というのは，この職業の従事者には年齢上の大きな偏りがあるからである．周知のように，農林漁業は高齢化が進んでいる職業であり，65歳以上の高齢者が全体に占める比率は，1970年では12.2%であったのが，2000年では46%にまで増加し，60～64歳を含めると実に60%にもなる（労働力調査）．他方，前述のように，戦後日本における高齢者の自殺率は常に高かったという事実がある．とするならば，農林漁業従事者の自殺率が高いのは，実は高齢者の占める割合が高いことによるのではないのか．たしかに，農林漁業従事者を全体として扱い，それを他の職業と比較するならば，その自殺率の高さが年齢的属性によって影響を受けていることは否定できない．だが，このことによって農業という職業に従事することと自殺率の高さとの間に関連はないと結論づけることにはならない．自殺にとって職業の違いが及ぼす影響の有無を明らかにするためには，年齢上の偏りをなくして職業間の自殺率を比較する必要がある．

図表２－７は年齢を一定にしたグループごとに，1985年の職業別の自殺率をみたものである．これらの図は，同じ年齢層であるならば，農林漁業従事者の自殺率は他の職業従事者の自殺率よりも例外なく高いことを示している（1970年代もほぼこの傾向が示される）．このことは，農林漁業従事者の自殺の問題が高齢者の自殺の問題に吸収されてしまうものではないことを意味している．すなわち，少なくとも1970年代，80年代における農林漁業の自殺率の高さは，年齢的属性によってのみでは説明できない職業に固有の問題を含んでいる．職業は年齢の属性に解消されない独立変数であり，ある社会のある時代において特定の職業に従事する者は，その職業に従事するがゆえに固有の自殺への圧力を被ることになる．もちろん，このことは特定の職業活動それ自体に自殺への圧力が内在しているということではない．社会の変動の中で，ある職業生活を営むことの意味が変化するということである．特に近代社会においては，資本主義の発展に伴う産業構造の変動により，職業構造も連動して変化し，したがってそれぞれの職業生活の意味も変化する．

図表2－7　年齢別・職業別自殺率（1985年男）

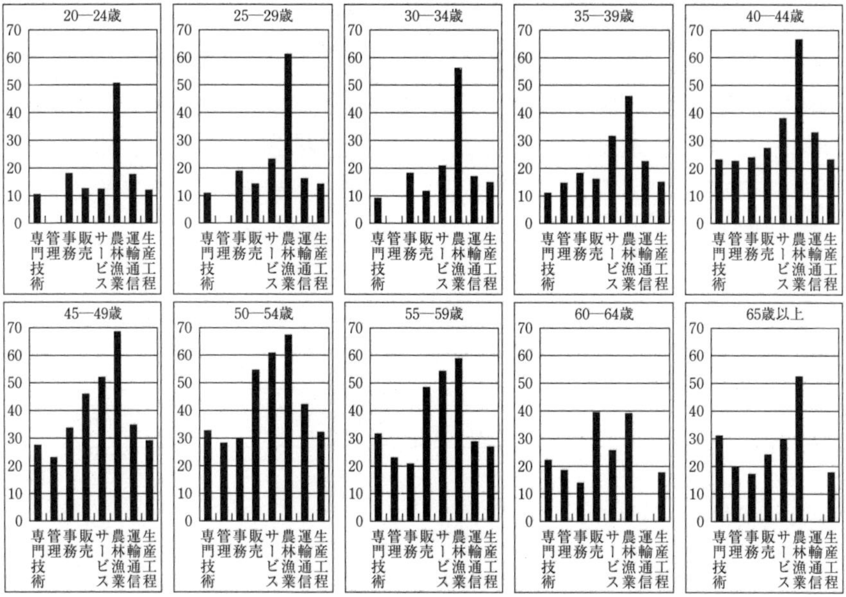

出所）『人口動態統計』より作成

戦後日本における資本主義経済の発展の歴史は，日本の農民層分解の歴史でもあった．日本においては，農業従事者の多くはこの職業を家業として伝統的に引き継ぎ，戦後にあっても大多数は自営農民として依然高い構成比を占めていた．だが，農業は1950年代以降の産業構造の変貌の中で構造的な負のインパクトを最も強く受けた職業階層であった．不断に生産性・効率性の向上をめざす資本主義的経済の志向性は，産業構造の高度化をもたらし，その過程で市場原理からみて生産性・効率性の低いとみなされた産業・職業部門は，それゆえに不必要な部門，淘汰されるべき部門として位置づけられることになる．こうした市場原理が日本社会全体に浸透する中で，伝統的な農業経営は生産効率性の低い遅れた部門とみなされるようになり，それゆえに淘汰されてしかるべき位置を押しつけられることになった．かくして，1950年代初頭にはまだ全就業者中50％近く占めていた農業従事者は，30年余り後の1980年代には10％を切るまでに減少したのである（図表2－8）．

図表 2 - 8　主要職業別人口構成比

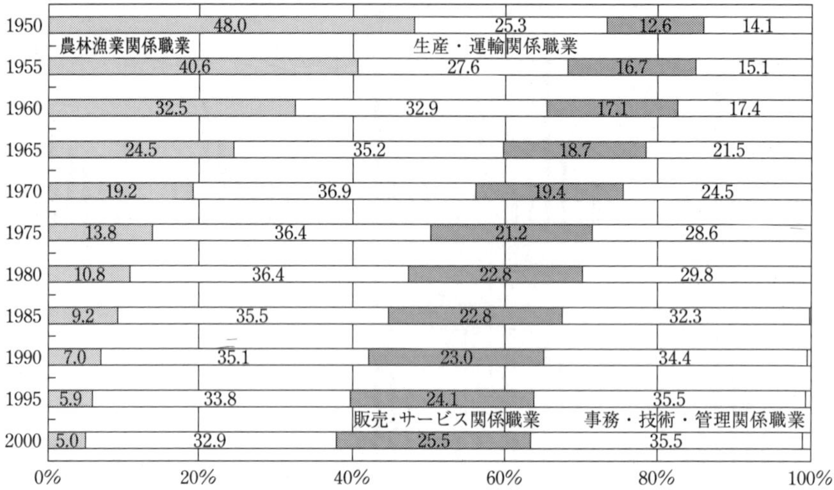

出所）『国勢調査』より作成

こうした市場原理による農村の再編は，多くの農民の側からすれば，伝統的な生活様式が文化的に破壊されてゆくのみならず，家計の点では，この職業によっては生計を維持することが困難になることを意味する．また，それは自営業としての経営が成り立たなくなることであり，好むと好まざるとにかかわらず離農を余儀なくされることを意味した．農業従事者の自殺率の高さは，このような文脈の中で理解される必要がある．さらにいえば，この職業の自殺率の高さが高齢化によって大きく影響されているとしても，そもそもこの職業の高齢化自体が市場経済システムによる伝統的な生活世界への浸食の産物なのである．もちろん，こうした構造的な圧力と具体的な個々の農業従事者の自殺との間には多くの媒介的な要因が介在するとしても，その全体的な構図を見失ってはならない．農民は社会的な真空状態の中で自殺しているわけではないのである．戦後日本の経済成長の歴史とは，都市に大きな経済的な繁栄をもたらした一方で，地方農村の伝統的な生活を物質的・文化的に破壊した歴史であり，また，農業従事者の高い自殺率を生み出した歴史でもあったのである．

5　1998年以降の増加にとっての典型

このように，特定の職業はマクロな社会の変動の中で自殺率に影響を与える変数となる．そして，農林漁業従事者の自殺率は今日においてもなお高い数値を示している（図表2－6）．しかし，1998年以降の自殺率全体の急増は，農林漁業従事者の自殺率の恒常的な高さでは説明できない．まず，農林漁業従事者の自殺率は依然として最も高いとはいえ，自殺者の実数そのものは長期的に低下している（図表2－9）．したがって，自殺者全体の中での構成比も1960年には実に33％を占めていたのが，2000年には8％となり，大幅に小さくなりつつある（図表2－10－a,b）．これは，母集団としての農林漁業従事者の数が減少したことによる．また，2000年の自殺率は対1995年の増加率において1.3倍と増加しているものの，この増加率は他の職業に比べるとそれほど高いものではない（図表2－11）．つまり，農業従事者は今日においても強い自殺への圧力の下にあるが，その自殺の動向は全体の変化に対する影響を低下させている．

図表2－9　職業別自殺者実数（男15歳以上）

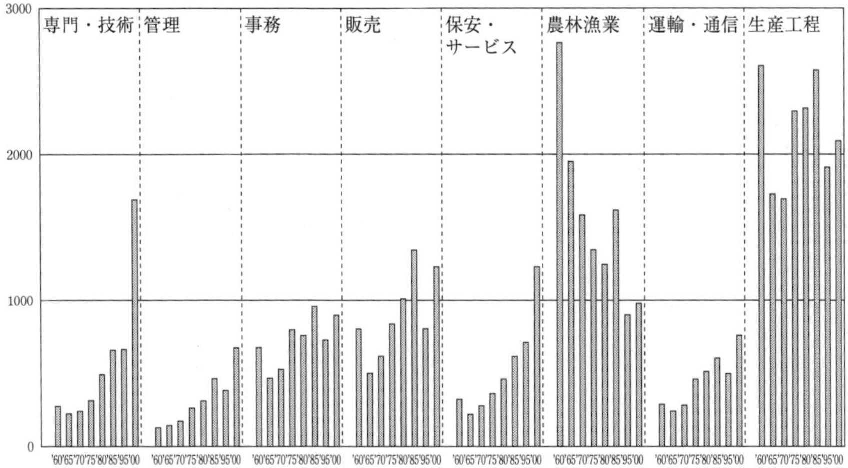

出所）『人口動態統計』より作成

図表 2 -10-a　職業別自殺構成比
（男15歳以上就業者：1960）

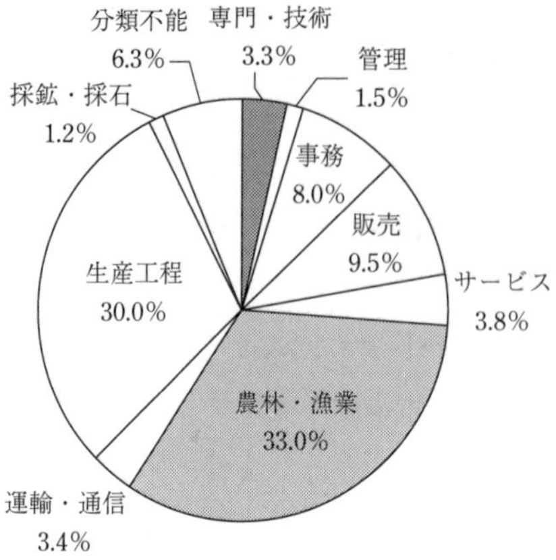

出所）『人口動態統計』より作成

図表 2 -10-b　職業別自殺構成比
（男15歳以上就業者：2000）

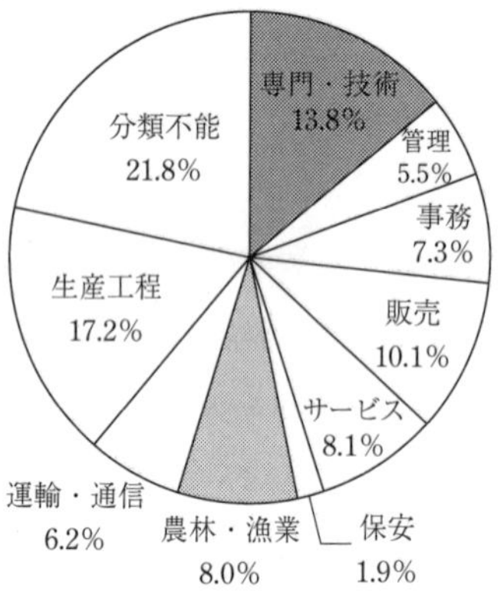

出所）『人口動態統計』より作成

それでは，他の職業はどうであろうか．いずれの職業も1995年から2000年の間に自殺実数と自殺率を増加させている．しかし，その変化の程度には大きな相違がある．自殺実数では，生産工程従事者がすでに1960年代においても農業に次いで多く，特に1970年代以降は現在に至るまで全職業中最も多い．しかし，その実数は増加傾向を示してはおらず（図表 2 - 9），2000年の自殺者実数の対1995年の増加率も，1.1倍ときわめて小さい．したがって，全体における構成比においても，2000年の17%という数値は他の職業との比較では依然高いが，1960年の30%と比べると低下傾向にある（図表 2 -10-a,b）．また，自殺率においても，1960年代以降に他の職業と比べて特に高いわけではなく，また1990年代末以降の変化も比較的小さい（図表 2 - 6）．要するに，この職業における自殺者実数の多さは，この職業固有の自殺率の高さによるというよりも，主として1950年代から70年代前半における工業化としての産業構造の変化が第二次産業部門の拡大を生み出し，その結果，母集団たる生産工程従事者が増加したことによるものといえる．

現在の日本の職業別自殺は，自殺率においては農林漁業従事者が最も高く，実数においては生産工程従事者が最も多い．しかし，これらの職業の自殺の数

図表2-11　職業別自殺の規模を表す数値

	実数					自殺率			
男	2000年	構成比 就業者中	増加率 対1960年	増加率 対1985年	増加率 対1995年	2000年	増加率 対1960年	増加率 対1985年	増加率 対1995年
総数	22,048			1.41	1.58	42.3		1.24	1.54
就業者総数	12,146	100.00	1.45	1.27	1.52	32.9	1.05	1.23	1.57
専門・技術	1,679	13.82	6.11	2.56	2.56	35.6	1.79	1.97	2.47
管理	671	5.52	5.37	1.46	1.78	42.3	3.30	1.92	2.66
事務	892	7.34	1.33	0.94	1.24	19.7	0.84	0.91	1.24
販売	1,223	10.07	1.54	0.92	1.54	20.3	0.69	0.81	1.51
サービス	988	8.13	3.10	2.14	1.71	51.1	1.84	1.68	1.59
保安	230	1.89	……	1.49	1.80	24.3	……	1.23	1.70
農林・漁業	975	8.03	0.35	0.61	1.09	54.2	1.35	0.98	1.31
運輸・通信	754	6.21	2.67	1.26	1.53	35.2	1.54	1.29	1.61
生産工程	2,086	17.17	0.83	0.83	1.10	16.2	0.59	0.82	1.15
分類不能	2,648	21.80	5.01	3.51	1.86				
無職	9,902			1.63	1.65	70.8		1.18	1.45

出所）『人口動態統計』

値は，実数において長期的に減少傾向にあるか，あるいは少なくとも比較的安定しており，この意味で最近の自殺急増という変化を表現する典型的事例とはいいがたいだろう．最近の自殺の増加傾向を個別において表現する職業として注目すべきは，サービス職業従事者，運輸・通信従事者，専門的・技術的職業従事者と管理的職業従事者などの自殺である．これらの職業は自殺実数と自殺率のいずれか，もしくはいずれもの増加が特に顕著である．

サービス職業の2000年の自殺者実数988人という数値は，実数増加率の点でみると，1985年の2.1倍，1995年の1.7倍となる（図表2-11）．また，自殺率も2000年では51.1となり，農林漁業に次いで高い数値となるに至った（図表2-6）．この職業の自殺の統計的変化の特徴は，一つには1960年代半ばから一貫して増加傾向を示していることにあるが，90年代末からその自殺率が急上昇した点において，この時期の全体動向の特徴を表現している．次に，管理的職業はかつては最も自殺率の低い職業であった（図表2-6）．しかし，90年代末からその自殺率が急激に高くなり，1995年から2000年の5年間で2.7倍にも増加し，その数値は42.3にまで上昇した（図表2-11）．これは農林漁業とサービス職業に次ぐ高さである．管理的職業の自殺は，母集団の小ささゆえにその実数における全自殺者中の構成比は小さいものの，自殺率の急増という点で1998年以降の自殺の急増を反映した一つの典型的事例であるといえる[2]．専門・技術職従事者における1990年代末からの自殺者の増加は，まず実数においてそれまでの増加率とは比較にならない激しさであった．1995年の自殺者が657人であったのが，2000年には一挙に1000人以上も増加して1679人に昇り，この5年間で約2.6倍にもなったことになる．この実数の規模は就業者の自殺中の構成比でみても13.8%を占め，販売職，農林漁業を追い抜き，今や生産工程に次ぐ多さとなっている（図表2-11，図表2-10-b）．また，自殺率の点でも専門・技術職従事者は1990年代末から急速に高くなり，2000年の自殺率は1995年との比較で2.5倍に増加している．こうした実数と人口比における急激な変動という点において，専門・技術職の自殺もまた，1990年代末からの自殺動向の典型を表現しているといえる．

要するに，今日の日本における自殺の増加は，都市的職業を中心にして，それもブルーカラー層よりもホワイトカラー層の自殺の増加を中心にしてひき起こされたものである．いいかえると，自殺の社会的圧力は，戦後日本の資本主義の発達に応じて，かつてもっぱら農林漁業に集中していた状態から産業構造上のより先端的部分の職業へと拡大してきたといえる．

6 職場環境における戦後体制の終焉

熊沢誠（1997）は戦後日本企業における人事・労務管理の変遷を，1960年代半ばから70年代半ばまでの昭和40年代を第一期，70年代半ばからおよそ1992年頃までを第二期，それ以降を第三期と三区分し，それを「能力主義の厳格化」の過程として描いている．そして，第二期については，能力主義の厳格化が，「高度なフレキシビリティへの適応能力」において遅れた部分とみなされた中高年層においてとりわけ厳しくなったことを指摘している．本章の関心からいえば，まさしくこの70年代半ばという時期から，それまで安定していた自殺率が増加に転じたこと，またこの第二期が80年代半ばの（特に中高年を中心とした）自殺の第2のピークを生み出した時期でもあることが想起されるべきであろう．また，1990年代の第三期については，その能力主義の厳格化の主な対象は，年齢階層としては引き続き中高年層であり，部門としてはホワイトカラーになる傾向を指摘している．さらに，この第三期が年功序列の賃金の見直しのみならず，雇用のあり方にまで及ぶより包括的で長期的な人事・労務政策の見直しを伴うものであるとし，この見直し路線の概要を日経連の1995年の文書『新時代の「日本的経営」』の中に読みとっている．ここでも，日本における自殺率の未曾有の急上昇が生じたのがその3年後の1998年であったことが銘記されるべきであろう．

その一方で，熊沢は，これらの再編が労働者に与える影響として，雇用形態の多様化と賃金体系の変更による個人化・賃金格差の拡大の他に，それらの結果でもある次の二つの事柄をあげている．一つには，仕事量のハードルが高くなる．つまり作業ノルマや労働密度が増大し，「働きすぎ」になる．もう一つの負担は，働く職場が不安定化することである．つまり，配転が広域化し，出向・転籍がひんぱんになり，かつ，リストラとよばれる人減らしが日常化する．

これら二つの影響のうち，前者の「働きすぎ」がもたらす最終的負担は「過労死」であり，自殺との関連でいえば「過労自殺」である．過労自殺とは，川人博（1998 iii）によると，「仕事による過労・ストレスが原因となって自殺に至ること」と定義され，それは過労死の一種であり，多くの場合，うつ病などの精神障害に陥った末の自殺であると規定される．図表2-12のグラフは1999年以降に過労自殺の申請件数・認定件数が急増していることを示している．それは1998年以後の自殺の急増を反映しているといえるが，このグラフにおける増加が意味することはそれだけではない．

「過労自殺」という用語は，それが労災認定の中で用いられる言葉であることによって，その意味が制約されている．そもそも，労災保険の中では過労「自殺」という用語は矛盾を孕んでいる．なぜなら，労働者災害補償保険法第12条2項2号には，「労働者が，故意に負傷，疾病，障害若しくは死亡又はその直接の原因となった事故を生じさせたときは，政府は，保険給付を行わな

図表 2-12 「過労自殺」の労災補償状況

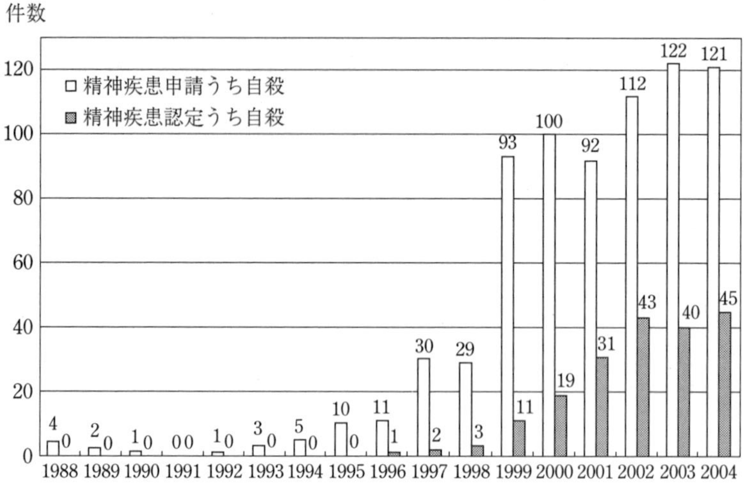

出所） 労働省労働基準局補償課資料より作成

い」とあり，故意にもたらされた死である限り，自殺はその対象から排除されているからである．その結果，かつて自殺は，業務上のけがや病気が原因の精神障害で「心身喪失状態」で自殺した場合を除いては，労災保険の適用外であり，したがって仕事の過労による自殺は，他の理由で認定されない限りは，統計上カウントされていなかったのである．

しかし，1990年代末に過労によるとみなされる自殺の増加が社会問題化したことを背景にして，労働省は「業務による心理的負荷を原因として精神障害を発病し，あるいは自殺したとして労災請求が行われる事案が近年増加している」という認識の下で，「心理的負荷による精神障害等に係る業務上外の判断指針」を作成し，1999年 9 月14日付けで都道府県労働基準局長あて通達した．そこでは，業務と精神障害との間に直接的な関連があることを前提にして，特に自殺の取扱いとして「うつ病や重度ストレス反応等の精神障害では，病態として自殺念慮が出現する蓋然性が高いとされていることから，業務による心理的負荷によってこれらの精神障害が発病したと認められる者が自殺を図った場合には，精神障害によって正常の認識，行為選択能力が著しく阻害され，又は自殺を思いとどまる精神的な抑制力が著しく阻害されている状態で自殺したものと推定し，業務起因性を認めることとする」と記されている．その結果，過労や業務上のストレスにより発症する精神障害およびその心因性の精神障害による自殺（「過労自殺」）についても，業務による脳・心臓疾患の場合と同様に労災認定が可能となったのである．1999年以降の申請件数の増加は，過労自殺の実態のみならず，こうした定義上の変化をも反映しているのである．だが，定義についてさらに留意すべきは次の点である．すなわち，過労自殺は労災保険法の範囲内にある以上，依然として精神障害と認定され，行為選択能力が阻害されていた（結果の発生を意図した故意でない）と認められることを条件にしている点である．つまり，それが意味することは，過労による自殺ではなく，過労によって引き起こされた精神障害による自殺なのである[3)]．したがって，労災認定件数はもちろんのこと，申請件数ですら，警察庁統計（2004年）における「遺書のある」自殺（それは全自殺の1/3にも満たないのであるが）の中で「勤務問題」によると動機分類される628件と比較しても，大きく開きがある．これらのことから，労災の申請・認定件数の数値は，「過労による自殺」の増加傾向を示す指標とはなるが，その量的規模の実情を示すものとはいえないだろう[4)]．

働き過ぎは，一般的には，生産の拡大が自己目的化される中で，生産性の低さを補うために労働者に課せられるものとみなしうるが，それに対してショア（Schor, J., 1993　p.178）は，生産性の向上が労働時間の短縮につながらず，むしろ働き過ぎを促進する事情を指摘している．生産性の向上は，所得を高めるか労働時間を短くするか，どちらかのチャンスを提供する．しかし，会社は従業員に「時間と金」というこの選択肢を提供せず，これまでの労働時間を維持したまま，代わりに賃金の支払いを増やす．その結果，生産性の向上がそのまま自由時間の拡大につながったケースはほとんどなかったとショアはいうのである．のみならず，上昇した賃金はひたすら浪費に費やされ，肥大化した消費欲望がその捻出のためにさらなる労働へと駆り立てる．かくして，「働き過ぎと浪費」の循環が形成されるのである．

ただし，働き過ぎを長時間労働としてみるだけでは不十分である．過労自殺の原因たる「働きすぎ」のとらえ方については，「自殺念慮も（残業が月に）60時間以上になると増える」（社会経済生産性本部，2005『産業人メンタルヘルス白書』）といった指摘に端的に示されているように，時間的な観点からみた過重労働（つまり長時間労働）によって説明されるのが一般的である．また同時に，熊沢がいうように，「労働密度やノルマにあらわれる作業量の増大という側面も見逃すべきではない」だろう（1997　p.89）．というのは，重い作業負担は長時間労働の原因であるのみならず，仮に労働時間がある程度短縮されても，あるいは，それが短縮されればそれだけ一層サラリーマンに強く求められる傾向にあるからである．そして，労働のノルマや密度は，長時間労働とはまた別の次元で，勤労者に心理的な負荷をもたらすと考えられる．

人事・労務政策の能力主義的再編が労働者に与えるもう一つの影響は「働く職場の不安定化」であった．そして，それが労働者にもたらす最終的負担は，解雇による失業である．職業が現代の日本人（とりわけ男）の社会生活にとって重要な位置を占めているとするならば，職業生活の喪失＝失業もまた人びとの社会生活において重要な意味をもつのは当然である．失業率と自殺率の間には地域的には相関関係はないが，年次的には相関がかなり明確に存在する（図表2 -13）．

1960年代から70年代前半までは，高度経済成長に伴う人不足と終身雇用制度の定着を背景にして，日本の失業率は低かった．だが1970年代半ば以降，日本の経済はオイルショック不況を経て長期的な低成長時代に入り，さらにそれに続いて，円高不況と激しい国際的な企業間競争の時代に入った．これらに対応するために企業が合理化の一環として採用した減量経営・人員削減の方策は，1970年代半ば以降失業率を増加傾向へと転じさせ，かつその傾向を恒常化させた．とりわけバブル崩壊後の1990年代半ばからのいわゆる平成不況における雇用調整の強化は，失業率全般を急増させたのみならず，同時期の人事・労務政策の再編は日本的経営の特徴とみなされていた終身雇用の見直しにまで及び，リストラと称する人員整理は正社員を含む就業者の解雇をも日常化するに至っ

図表2-13　自殺率と失業率の推移

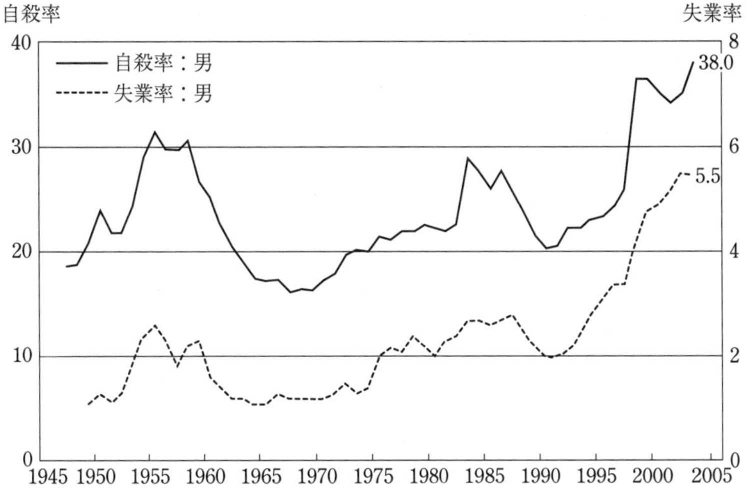

出所）『人口動態統計』および『労働力調査』より作成

た．

失業とは就業意欲のある者が就業できないことを意味するものである以上，失業者は一般的に自らの希望が満たされていない状態にある．しかも，それまで就業していた者が解雇などによって職を失う場合には，失業のインパクトはより大きくなると考えられる．就業者にとって失業という現実は経済基盤の喪失であり，また職業にまつわる威信や社会的アイデンティティの喪失である．そして，この現実が当事者に招来する経験は，経済的な生活苦の経験のみならず，それまで職業によって満たされていた欲望水準が達成不可能になる落差の経験でもある．後者の点を重視するならば，失業と自殺との因果的関連によって導き出されるのは，デュルケームのいうアノミー的自殺（没落のアノミー）ということになるだろう．

このような1990年代以降の失業率の急増が，少なくとも統計上の現象として自殺率の急増と軌を一にしていることは事実であり，また失業の経験が何らかの形で自殺への圧力となりうることは常識的にみて十分に考えられるとしても，この年次的相関のデータからはただちに両者の因果関係のみを導き出すことはできない．なぜならば，それは失業者の自殺率を直接に示す統計資料ではないこと，つまり，失業という結果が自殺へのインパクトとなっていることを示すものではないことによる．

もっとも「無職者」の自殺率についての統計はある．それによれば，無職者の自殺率は，就業者の自殺率よりも常に高く，また，男では自殺率は1995年の48.9から2000年では70.8に増加している（男の就業者は20.9から32.9）．さらに，無職者と就業者との自殺率の差は20歳代後半から大きくなり，それは50歳代後半まで続くが，60歳代以降は小さくなる（図表2-14）．つまり，労働力率が高い（働いて当然とみなされる）年齢層において無職者と就業者の自殺率の差は大きくなることがわかる．だが，人口動態統計では無職者は「収入を伴う仕事，又は収入を得ることを目的とする仕事に従事していない人」と定義されているので，ここには非労働力人口と失業者の双方の自殺者が含まれているものと思われる．他方，無職者が失業者と非労働力人口からなるとすれば，無職者の86%は非労働力人口である（「労働力調査」）．したがって，たしかに無職者の自殺率は就業者の自殺率よりもはるかに高いが，それはただちに失業者（仕事を求めている無職者）の自殺率の高さを示しているとはいえない．

だが，こうしたデータの不十分さは，失業と自殺の関連を考える上でかえって新たな視点へと導く．それは，そもそも解雇・失業を一般化するような雇用

図表2-14　就業者と無職者の自殺率比較（男2000年）

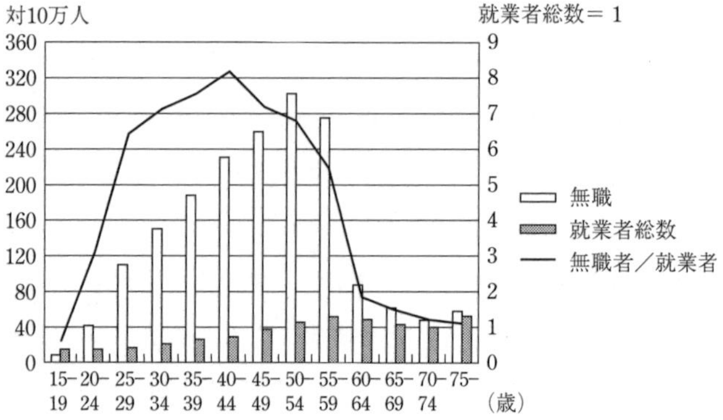

出所）『人口動態統計』より作成

のあり方が働く者にとっての職場環境をどのように変えたのかをみる視点である．その場合，失業と自殺との関連についても，生じてしまった失業のインパクトとしてみるだけではなく，日常化した解雇への圧力が職業生活の内部に及ぼす影響の中でみる必要性も生じてくる．なぜならば，日本企業における解雇は，次のような順序を経る雇用調整の最終段階に位置するものだからである（熊沢，1997　p.108）．まず，①残業カットや②非正社員の整理がある．ついで③広い範囲の配転がくる．さらには④新規採用の抑制やストップによる「自然減耗」，⑤関連・系列企業への出向，⑥一時帰休制や自宅待機などが続く．⑦出向者の転籍はその次の段階である．そして，最後の手段として⑧希望退職の募集，それに向けての「肩たたき」，そして⑨指名解雇が行使される．これらの一連の雇用調整は，最終段階の指名解雇に行き着くまでのプロセス自体が，働く者にとって大きな負担を含んでいると思われる．とりわけ，出向は企業が最も高い比率で選択する「中高年余剰人員対策」である．出向は本来，出向元である本社の従業員身分は維持されるものであったが，今では多くの場合，もはや40～50歳代の出向は本社への帰還を約束されないものとなっている．さらには近年では，中高年の出向者が，子会社での働きぶりがよほど抜群でなければ，本社での従業員身分が奪われて子会社へ転籍させられつつある（熊沢，1997　p.115）．また，ドーア（Dore, R.）は「いつ整理されるかという雇用不安は，労働者を経営者からのプレッシャーに対して弱く」すると述べ，それが労働強化と労働時間の延長に結びつくメカニズムになっていると指摘している（ドーア，2005　p.60）．すなわち，これらの一連の過程は，たとえ解雇に至らなくとも，この過程に位置していること自体が，解雇への不安や「生き残り」の努力に伴う心理的な負荷，過重労働への強迫観念，不本意な出向や転籍に伴う挫折感や失望感などを働く者にもたらす可能性を孕んでいるのである．

このように，雇用調整の強化に伴う事実連関を働く者にとっての意味連関に置き換えてみた時，自殺と失業の間に存在する年次的相関は雇用の不安定化という両者に共通の原因の二つの結果でもあり，両者は直接の因果関係だけではなく共変関係にもあるという見方が解釈的に浮上してくるのである．そして，この雇用の不安定化の過程が，不況により一時的に強化されるだけでなく，人事・労務管理の根本的見直しにより恒常的に強化されつつあるとするならば，たとえ不況を脱して失業率が低下したとしても，それは，少なくとも安定した職業生活を願う者にとっては，生きにくさを感じさせる構造的な圧力となり続けるであろう．

7　むすびにかえて

以上のことから，次のことがいえる．今日の自殺率の上昇が職業生活における変化と関連していることを認めるとしても，それを単にバブル崩壊以後の不況によるとみるだけでは不十分である．それは，1990年代初頭からの，あるいはより遡って1970年代半ば以降の人事・労務管理の再編によってもたらされた職場の広範な変化のコンテクストの中でも把握されるべきであろう．

戦後日本の資本主義は，市場原理主義からみれば不純物ともいえる「属性本位的価値」や「個別主義的価値」を伴った「日本的経営」の下で高度経済成長を達成した．そこでは，資本主義の経済発展にもかかわらず，市場の冷酷な競争原理は（たとえそれが擬制的なものであったとしても）少なくとも産業構造上の先端部分にいる勤労者に露骨に及ぶことはある程度抑制されていた．しかし，1970年代半ば以降，この人事・労務管理における戦後日本的あり方は動揺期に入り，1990年代に入ると，それは効率化の観点から根本的に見直されることになった．今日の自殺率の上昇は，1970年代以降の職業システムにおける構造的な転換の流れの到達点であり，それが人間にもたらす影響の顕在化である．それは，職場環境における戦後体制の終焉がもたらした結果であるといえるだろう．かくして，今日の自殺の急増という社会病理は，市場原理の純化がもたらした日本的な症状であることが明らかになるのである．

最後に，自殺率の増加にみられる性差による偏りについて付言しておきたい．戦後日本の近代化の歴史は，近代的性役割の形成とその限界を露呈する歴史でもあった．高度経済成長期における市場経済の浸透と近代家族の確立は，男には滅私奉公する「企業戦士」，女にはそれを「銃後で支える」専業主婦の役割を割り当てたが（上野千鶴子，1990　p.196），女は1970年代半ばにこの近代的ジェンダーのあり方に疑問を表明し，それまで潜行していた問題性を顕在化させた．他方，男は，その時点では，自らの性役割に対して特に疑問をもたなかった．ジェンダーはあくまで女の問題であったのである．しかし，自殺率の増減から戦後社会をみるならば，男に配分された性役割の近代的あり方が孕む問題性は，実は1970年代半ばにすでに現実化しつつあったことが今日の時点で遡及的に指摘できるのである．そして，この戦後日本における男のジェンダー問題が次章で検討される課題となる．

・注

1）ここでは一応，15～39歳を青年，40～64歳を中高年，65歳以上を高齢者としておく．

2）管理的職業の自殺率上昇の背景を考える際には，これに従事する男が1995年では239万3000人であったのが，2000年には159万7000人とわずか5年間で79万6000人（33.3%）も減少している（国勢調査）事実にも留意するべきであろう．

3）したがって，遺書のある自殺は，たとえ勤務上の苦悩が動機として書かれてあったとしても，遺書の存在自体が「判断能力があった」とみなされ（「心神喪失」とはみなされず），労災と認定されにくい（川人，1998 p.113）．

4）川人（1998 p.57）は，「過労自殺者数は一年間に少なくとも1000人以上にのぼる」と推測している．

・引用文献・

ドーア，R.（石塚雅彦訳 2005『働くということ：グローバル化と労働の新しい意味』中央公論社）

デュルケーム，E.（宮島喬訳 1985（1897）『自殺論』中央公論社）

川人博 1998『過労自殺』岩波書店

厚生省大臣官房統計情報部 1977，1984，1990，1999『自殺死亡統計：人口動態統計特殊報告』厚生統計協会

熊沢誠 1997『能力主義と企業社会』岩波書店

ショア，J.（森岡幸二・成瀬龍夫・青木圭介・川人博訳 1993（1992）『働きすぎのアメリカ人：予期せぬ余暇の減少』窓社）

上野千鶴子 1990『家父長制と資本制』岩波書店

第3章
中高年男性の「名もなき問題」のゆくえ

1 「名もなき問題」の所在

世界に先駆けて豊かな消費文化を享受していたアメリカで1963年に出版された『新しい女性の創造』は，中産階級の既婚女性がその主婦的状況に起因する悩みを抱えていることを明るみに出し，ベストセラーを記録した著書である．作者のフリーダン（Friedan, B.）の透徹した眼差しは，個々バラバラの「名もなき問題（unnamed problem）」に，層としての女の問題をみつめ，そこにジェンダー分析の可能性があることを見抜いたのである（フリーダン，1986　p.18）[1)]．そして彼女は，既婚女性のさまざまな悩みをジェンダー分析の俎上に載せることで，ジェンダー規範に過度に囚われることの負の作用に言及したのである．では，フリーダンの分析の視角を通してみる時，現在の日本において「名もなき問題」とは何であり，それに呻吟するのは誰なのだろうか．

2004年，「いまの日本では，男より女の方が楽しみが多い」と考える人の割合（42%）が「男の方が多い」と考える人の割合（38%）を初めて超えた（『読売新聞』2004.4.29朝刊）．1963年にこの質問が登場した時点では，「男」と答えた人（69%）が「女」と答えた人（12%）を圧倒的に凌駕し，この傾向は1978年まで変化しなかった．しかし，その後20年ぶりにこの質問が復活した1998年には，「男」と答えた人（43%）と「女」と答えた人（34%）との差が縮まっていたのである．それがついに逆転したのが2004年の調査結果である．「女の方が楽しみが多い」という国民の意識は，漠としたムードの所産なのかもしれないが，その背後には，男であることに起因する「名もなき問題」が次第にあらわになって社会問題化していくような流れが形成されていたのである．

伊藤公雄が「〈男らしさ〉のもつ重荷が，男たちをストレスに追いこみ，不安と焦燥を生み出している」と述べ，「男らしさ」にまつわる問題に言及したのは1993年のことであった（伊藤，1993　p.73）．世論においてもドメスティック・バイオレンスや過労死（過労自殺）の増加が社会問題化し，それらを受ける形で1997年に総理府男女共同参画審議会で「女性に対する暴力部会」が発足し，さらに1999年には過労や業務上のストレスに起因する心因性の精神障害による自殺＝過労自殺にも労災認定の道が開かれた．

また，前章において山元公平は「今日の『日本の自殺』は『男の自殺』の問題であるが，より限定していえば50歳代を中心とした『中高年の男の自殺』の問題である」と述べているが，「中高年の男の自殺」もまた，この間，焦点化した男の病理現象のひとつである．1998年以降高止まり傾向にある自殺者実数を概観すると，2000年の自殺者実数は，対1990年比で１万163人増加して1.5倍に膨張したが，その内訳は男が9340人であり，増加分全体の92％を男が占めている．とりわけ深刻なのは50歳代の男であり，2000年の50歳代の女の自殺者実数は対1990年比で1.2倍（332人増）であったのに対し，50歳代の男の自殺者実数は対1990年比で2.4倍（3561人増）と，その増加率においていちじるしい開きがある．このような中高年男性の自殺は，第一線で活躍し続けた男たちの疲弊を印象づける．高度経済成長を追い風にした業績至上主義や上昇志向を自明のものとして労働市場に参入した彼らは，本来ならばそろそろ肩から荷を降ろすことを考え始めてもよい年齢であろう．その彼らの心身を蝕む要因として，ジェンダー規範への過度の囚われが考えられるのではないだろうか．

自殺の要因として，社会的なレベルでは「デフレ不況」や「不安定な雇用情勢」といった労働環境の問題，より個人的なレベルでは「ストレス」や「うつ病」といった心の問題がしばしば取り沙汰される．しかし，そもそも「デフレ不況」や「不安定な雇用情勢」，「ストレス」や「うつ病」はなぜ男の問題となって彼らを襲うのか．湯本誠は労働社会学の立場から，「失業，再就職，配置転換・職域転換，出向・転籍等が増加すると自殺率が増加するのは，社会生活の基盤が急激に変化することと無関係ではないであろう．失業は最も重要な中間集団の喪失である．…社会的孤立のもとで，急激に襲う将来への不安や絶望が自尊心や生きがいの喪失を生み出しやすい」と分析する（湯本，2001　p.44）．たしかに，企業が行った雇用調整は男のアイデンティティの中核に打撃を与え，男の心身の均衡を破壊的に揺るがすであろう．だが，警察庁の統計にならって自殺の要因に「経済生活問題」があげられるのであれば，それは男だけの問題ではなく，女の問題でもある．男に扶養されている女にとっても，「経済生活問題」は死活の課題であるに違いない．にもかかわらず，中高年女性ではなく，中高年男性の自殺者実数のみが突出して増加するのはなぜか．

従来のジェンダー観によると，労働現場から排除され，性差別的な労働慣行に貶められたのはむしろ女の側であった．働くにせよ，働かないにせよ，働かざるをえないにせよ，常に問題視されたのは女の直面するジェンダー・バイアスだったのである．ところが今や，ジェンダー・バイアスは働かざるをえない男の側に負荷をかけているのではないだろうか．デフレ不況下にあって「去るも地獄，残るも地獄」といった閉塞的な状況が労働現場に蔓延していることは想像に難くない．しかし，労働環境の悪化が中高年男性の誇りや生きがいを奪い，彼らを自殺へと追い込んでゆく過程の基層には，最期の瞬間まで「男らしく」振る舞わざるをえなかった男の呻吟が秘められている．「女や子どもを養ってこそ一人前の男である」という中高年男性がそれまで抱いてきた気概は，弱音を吐くことを潔しとしない態度と表裏一体である．しかも，たとえ弱音を吐いたところで突破口が見当たらない八方塞がりの状況の中で，さらに追い討ちをかけるように流布する「自己責任」という言葉に直面する時，男は自らを襲った不運や自分の不甲斐なさを呪うしかなかったのではないか．そうであるならば，現在，「名もなき問題」に苛まれている層として，男とりわけ中高年男性をあげることができそうである．

だが，振り返ってみれば，第二波フェミニズムの昂揚にみるように，1970年代に「名もなき問題」に苛まれたのは現在の中高年女性が出産・育児期を迎えつつあった頃のことであった．その後，四半世紀下って，彼女たちと世代を一にする男が「名もなき問題」の当事者となったのである．したがって，これらを女の問題が顕在化する1970年代，男の問題が顕在化する1990年代という時代区分に大別するならば，それらは1946～50年生まれを中心とする戦後第一世代のジェンダー実践の意図せざる結果であるといえる[2]．日本経済の盛衰や消費社会の動向，ジェンダー構造の変容，時代の気分など，経時的な共通の経験が彼らのジェンダー実践を規定しており，その延長線上で，戦後第一世代は女の「名もなき問題」が顕在化する時代の四半世紀後に，男の「名もなき問題」が顕在化する時代を迎えたのである．そこで，本章では，まず1970年代前半に急速に高まるマイホーム志向の背後にあった「男＝公領域における稼得労働，女＝私領域における家事・育児」という「両性間の取り決め」に着目する．そして，この「両性間の取り決め」が，ある種の自己矛盾を伴いながら，女の問題が顕在化する1970年代，男の問題が顕在化する1990年代へと波及していく過程を，おのおのの時代区分において明らかにし，今まさに戦後第一世代の男を苛んでいる「名もなき問題」の時代背景とリアルタイムの実相について考察したいと考える．

2　マイホームの夢

戦後第一世代が結婚適齢期を迎えた1970年代前半，恋愛結婚の割合は62.3％（1973年）と過半数を超え（経済企画庁，1992　p.40），また「職業をもたないほうがよい」「職業をもち結婚・出産を契機として家庭に入るほうがよい」「職業をもち，結婚や出産などで一時期家庭に入り，育児が終わると再び職業をもつほうがよい」として，専業主婦をひとまず望ましいライフスタイルと考える男女の割合が78.2％（1972年）を占めた（経済企画庁，1992　p.63）．このような意識の背後には，女を恋愛から家庭生活へと誘うムードが時代の空気として共有されていたのである．1973年の大ヒット曲であった「あなた」を小坂明子は，次のように歌った．

もしもわたしが家を建てたなら　小さな家を建てたでしょう　大きな窓と小さなド

アと　部屋には古い暖炉があるのよ･･･家の外では坊やが遊び　坊やの横には　あなたあなた　あなたがいてほしい

小坂は，「大きな窓」と「古い暖炉」のある「小さな家」に「坊や」と「あなた」を重ね合わせつつ，「坊や」や「あなた」とともに過ごす幸せな時の流れをメロディーに乗せた．そして，そこに「大きな家」を決して望まない女の健気さを込めることで，逆説的に，温かみのある家庭への憧憬を表現したのである．小坂の「あなた」が人気を博す時代状況において，女が専業主婦というライフスタイルを夢見たとしても不思議ではない．

だが，幸せを温かみのあるマイホームに見出す傾向は，男女の隔たりなく，すでに1960年代半ば以降に醸成されつつあったのである．1966年の『週刊言論』は，「幸福とはどんなもの？　現代サラリーマンがえがく夢」というタイトルの下，「末は博士か大臣か――と立身出世を望んだのは昔のこと．サラリーマンの夢も，ぐっとこぢんまりとした現実的なものになってきている」と，ベランダから見送る妻と幼子に手を振って出かける夫の写真を掲載した（『週刊言論』1966. 6 .8）．また，「緑の垣根の中に広い庭と，赤い屋根の家がある．そこにはかあ(ママ)いいお嫁さんをもらって，ときには彼女のひくピアノが明るく響く．そして芝生の庭には，真っ白いスピッツがころがるように，私の大切な息子と娘にじゃれついている．これで自家用車でもあれば，最高です」という独身サラリーマンの言葉を紹介するなど，視覚的効果を仕掛けつつ，男のマイホーム志向を取り上げたのである．即物的な上昇志向を漂わせつつも，「広い庭」と「赤い屋根のある家」に「お嫁さん」と「息子と娘」を重ね合わせる語り口は，「あなた」の歌詞を想起させると同時に「あなた」の後のヒットを予感させるものであった．

他方，女に関して，1969年の『週刊読売』では，一部の企業が労働力不足から女性の労働力を活用しようと大卒女子の採用や能力開発などに取り組み始め，「富士通では心理，教育専攻者をカウンセラーとして，長期信用銀行では法律を勉強したものを法律専門職，経済学専攻で語学に強いものをエコノミストの卵として採用する」などの動きがみられること，「主婦が職業を持とうと決意さえすれば，そして仕事選びに気むずかしくなければ，100％就職できる時代になりつつある」ことが報告されている（『週刊読売』1969.3.21)．また同時に，「共働きを大別するなら『仕事をライフワークとしてやりたい』という“仕事熱愛グループ”と，経済上やめられないという“ボトムグループ”に分けられる．中間層は，結婚するとサッサとやめていく」とも述べられている．企業に性差別的な労働慣行を改める意志があったとは思えないが，同誌は中間層に位置する多くの女が労働市場に本格的に参入することよりも，独身時代は結婚予備軍として「職場の花」に甘んじ，結婚後は家庭生活に入ることを自らのジェンダー実践としつつあったことを伝えていたのである．

さらに1970年代のキャッチ・コピーの代表的なものを追うと，「モーレツからビューティフルへ」（富士ゼロックス・1970年)，「追い越されたっていいじゃないの」（東京トヨペット・1971年)，「愛情はつらつ」（丸井・1972年)，「金曜日はワインを買う日」（サントリー・1972年）となっている（柏木博，1986 p.101)．マイホーム志向が，男性的なモーレツ主義一辺倒の生活から温もりのある生活へと，どちらかといえば女性的な意味世界に男を取り込む形で熱を帯び，喧伝されていたのである．柏木が指摘するように，「誰しもが潜在的に持っている生活に関する欲望を顕在化して見せている」とするならば，「モーレツな仕事はやめて，のんびりと，自然に，家庭でワインを飲みながら食事をし，夫婦の愛情を大切にするような生活をしましょう」というキャッチ・コピーに込められていた生活の提案は，1970年代における人々の潜在的な欲求を体現していたのだ（柏木，p.101)．

このように男女双方がマイホームの夢に突き動かされる中で，女はエロス化した身体を資源に，恋愛場面や結婚生活の主人公へと自らを仕立てあげようとしたのだろう．落合恵美子は「ビジュアル・ページの女性像の印象が一変するのは68年である」と述べ，女性雑誌の構成に「男性を惹きつけるために自分の性的魅力を利用せよ」というメッセージを読み取っている（落合，1995 pp.108～110)．この世代の女が性に対して解放的であったわけでも，婚前交渉に対して積極的な態度を示したわけでもないが，「女らしさ」を武器に男を惹きつけようとする女たちの主体性が発露され始めたのである（NHK「日本人の性」プロジェクト編，2002）．

戦後民主主義教育に馴化された身体は，出自とは関係なく，自らの努力の多寡，才覚の有無で切り拓ける未来があることを知り，おのおのの目標設定に従って身を処していくようなハビトゥス（habitus）を獲得する．そして，このハビトゥスは競争原理に親和的である．果実を手にするのは，目標に向かってよりよく制御された自己を構成することのできる者なのである．出自を重んじる見合い結婚とは異なり，自力で伴侶を選び抜かなければならない恋愛結婚には，「女らしさ」を武器に合目的的に男を魅了していく過程が必要であった．1970年当時，男女含めて7割弱を占めた被雇用者層の間で，企業規模や職種によって賃金や社内待遇に歴然とした格差があり，安定雇用にありつける者とそうでない者との差が一目瞭然であったから，恋愛結婚は「伴侶獲得競争」という意味合いを深めざるをえなかったともいえる．戦後第一世代の女が「『結婚はいつかしなければならないもの』であり，若ければ若いほうが有利という通念」に囚われ，「売れ残る」ことを恐れたことから，結婚適齢期に集中する形で「伴侶獲得競争」は自ずと激化せざるをえなかったという事情もあるだろう（岡村清子，2001　p.200）．いずれにせよ，そのような「伴侶獲得競争」を競争原理に親和的なハビトゥスを獲得した女が優位に進めた可能性は，あながち否定できないのである．言い換えると，競争原理に親和的なハビトゥスが，夫の出世を影で支える妻の役割を自らのものとする心性を準備するとするならば，このような女のハビトゥスは男の目には都合よく映ったのではないだろうか．男にとっては，私領域における家事や育児に煩わされることなく，自らは公領域における稼得労働に邁進するのみという体勢が整うというわけである．

かくして，「男らしさ」の神話が公領域における男のあり方を，「女らしさ」の神話が私領域における女のあり方を規定しつつ，男女役割分業は予定調和的に機能し，ニューファミリーと名づけられた幸せな家族像に結実するはずであった．男女役割分業意識の下で強力なタッグを組み，マイホームの実現に乗り出したのが戦後第一世代の男と女であった．しかし，日本女性史上，専業主婦率が最も高かった戦後第一世代の女に不満が高まったのは，この世代の女の労働力率が最も低下した1970年代のことである（落合，1994　pp.18～21）．出産・育児期を迎えたこの時期に，専業主婦となった女たちにどのような心境の変化が生じ，「名もなき問題」がくすぶり始めたのだろうか．

3　顕在化する女の問題

(1)　母親役割を担うこと

女が私領域における家事や育児を担うにせよ，1970年代には既に大型家電製品の普及率が高く，家事の合理化の進展と相俟って，女の関心はもっぱら子育てに集中していた．当時，その母親たちを捕えたのは次のような問題である．

> 子供は２人とも寝つきが悪く，添い寝しなければ１人で寝られないため，時間がかかります．そのため，…イライラのし通しです．夫はやさしく働き者ですが，帰宅時間が不規則で，あまり相談にのってもらえません．そこで，家事育児のイライラから脱出するために，通信教育その他で，何か勉強したいと思っています（1977年）（読売新聞婦人部編，1988　p.557）．
> 今ヨチヨチ歩きの私の娘は，１日36回は転ぶし，夜中に１，２度起きて泣く．たった１人の子供のことだから，２人も３人も幼児をかかえた母親とはくらべものにならないが，それでも24時間拘束されているといっていい．…私のように，家にいて子供を育てている主婦であっても，母親と個人の間でもがいている人々は決して少なくない（1978年）（わいふ編集部，1993　pp.111～112）．

母親役割に自らの充足感や生きがいのすべてを求めることのできない女たちの苛立ちが通奏低音を成していたのである．男女関係のもつれ，離別や死別，借金や事業の失敗など，いわば古典的な問題は生活の破綻を招きがちである．これに対して，生活破綻やそれに起因する貧困とは無縁であるはずの母親は，「名もなき問題」に囚われていたのである．

大日向雅美はこの点を年長世代と比較して，とりわけ1970年前後に初産を迎えた母親たちの育児評価の低さという観点から分析した．彼女は「母性に対する社会的・文化的条件の規定力を明らかにする」ことを目的に，調査票および面接による母親意識の世代差調査を行ったのである（大日向，1988　p.107）．その結果，年長世代と比べて，この時代の母親に「自分の生きがいは育児とは別である」（61.2%），育児ノイローゼに「共感できる」（59.2%）などの項目に有意差が認められ，それらがこの時代の母親の意識を規定していることを明らかにした（大日向，pp.118～121）．その上で，この時代の母親に専業主婦が多く，それが女の心理的負担や不安感を強める要因となったこと，中でも高学歴層にこの傾向が顕著であったことを指摘したのである（大日向，pp.149～151）．

戦後第一世代が，第一子出産年齢25歳，第二子出産年齢27歳，第二子が中学生になる40歳代でパートに職を得るという平均的ライフコースを辿ったことを踏まえると，当時，戦後第一世代とそのやや年長世代の専業主婦に子育てに対する心理的負担や不安感が強かったことが看取される（岡村，p.201）．とはいえ，就業形態別調査項目では専業主婦が「母親であることに充実感を感じる」と「子どもを育てることが負担に感じられる」という相反する項目に高い評定値を示しており，それらは両価的な感情に激しく揺れ動く心理的葛藤に他ならない（大日向，p.151）．子育ての「充実感」と「負担」のせめぎあいの中で女の〈私〉は先鋭化されたのであろう．前述の「家事育児のイライラから脱出するために，通信教育その他で，何か勉強したいと思っています」，「母親と個人の間でもがいている」といった文言に共通するのは，母親役割に収斂することのできない〈私〉である．母親役割に収まりきることのできない〈私〉は，〈私〉というものを基軸に据えて心理的葛藤の所在をみつめ，そしてその解決方法を模索する〈私〉であった．〈私〉というテーマが女の間で主題化され始めていたのである．しかしながら，

・不仲がもとで100万円を母子に残し，家出した父親の「心中でもしろ」という捨て台詞に打ちのめされ，二児を道連れに心中した母親（『読売新聞』1975.1.4朝刊）．

・離婚話から母親が実家に戻り，残された子どもの将来を悲観して縊死自殺した父親．その横で3日間生きのびた幼児（『読売新聞』1975.1.13朝刊）．
・夜間開いていた救急病院の病室に忍び込み，自力で出産し，産まれたての子に布団をかけて姿を消した母親（『読売新聞』1975.1.29朝刊）．

1975年1月の新聞に掲載されたこれらの事件に関与した母親に，〈私〉にこだわる余地が残されていたわけではない．上記の記事から読み取ることができるのは，男女役割分業型の家族を維持することのできなかった父親や母親，そして子どもの剝き出しの不幸なのである．

他方で，男女役割分業型の家族に首尾よく収まることのできた母親の〈私〉へのこだわりは，「ぜいたく」や「わがまま」と見咎められ，「家庭を省みない女」や「母親になりきれない女」という有言無言の非難に晒されもした．夫の稼得労働に依拠することのできる母親という立場にありながらも，分不相応に〈私〉にこだわる女の姿は，ジェンダー規範からの逸脱とみなされたからである．だが，実際には，日常生活の中で母親役割の占める比重が増えるほどに，〈私〉を基軸に据えた意味連関に綻びが生じがちである．にもかかわらず，母親には〈私〉を具体的に表現する手段も場所も与えられておらず，そのために混乱が深刻化したからこそ，より一層，女は〈私〉にこだわらざるをえなかったのではないだろうか．戦後第一世代，とりわけ，乳幼児を抱えた高学歴層の専業主婦に喪失感が大きかったのである．

相対的に高学歴で，ともに就業体験を積んだ，年齢差のあまりない男と女が出会い，デートを重ね，恋愛結婚を経て家族を形成するような場合，男女の平等な関係は理想化される傾向にある．この世代のカップルを「友達夫婦」とよぶことがあるように，実際のところ，彼らには年長世代とは異なった横並びの意識が芽生えつつあった．しかしながら，父親が独身時代とさほど変わらぬ生活を貫くことができるのに対して，乳幼児を抱えた母親は子ども中心の不自由で起伏のない生活を強いられたのである．「男＝公領域における稼得労働，女＝私領域における家事や育児」という「両性間の取り決め」がある以上，それはある意味で当然の帰結でもある．だが，女は独身時代に思い描いたマイホームからあまりにもかけ離れた生活空間に子どもとともに取り残された．あるいは，上野千鶴子のいう「彼女らは，生活感覚はファッショナブルなまま，子もちプアの暮らしにおちこ」んだのかもしれない（上野，1987　p.142）．いずれにせよ，そこに，ベック（Beck, U.）が「平等になればなるほど，存続している不平等やますますひどくなる不平等をより強く意識するようになる」と語るような不平等感が先鋭化された可能性を否定することはできないのである（ベック，1998　p.197）[3]．結婚と子育てによって独身時代に謳歌した自由や刺激が奪われ，平等であるはずの男女の関係性が損なわれる．そんな現実を前にして，母親は喪失感を回復するためにも〈私〉に固執せざるをえなかったのである．

梅棹忠夫が「現代の家庭の男は，あまりにも『父』でなさすぎるのかもしれない．しかし，現代の家庭の女は，おおむねあまりにも『母』でありすぎるようにおもうのである．母という名の城壁のなかから，一個の生きた人間としての女をすくいだすには，いったいどうしたらよいだろうか」と問題提起したのは1959年であった（梅棹，1988　p.111）．男女役割分業型の家族における妻という立場の弱さが，子どもという存在を得て母子一体になることで強化されるにせよ，「母という名の城壁」に立て篭もることの人間疎外について，彼は言及したのである．時代に敏(さと)い彼の問題提起は，母親たちの自問自答の核心をついていた．だが，ジェンダー構造が強固に制度化していた1970年代，母親の〈私〉というテーマは主題化することのむずかしいテーマであり，それ以上に実践に繋げにくいテーマだったのである．

(2)〈私〉というテーマの主題化

落合は，1975年頃の主婦向け雑誌のモデルが依然として1950年代風の古典的な身体技法をまとっていたのに対し，1980年代になると「ビジュアル・イメージにおける『主婦らしさ』がなくな」り，「服装もまったくと言っていいほど独身者と区別がつかなくな」るなど，既婚女性の身体技法に変化が生じたことを指摘した（落合，1995　pp.122～128）．「主婦らしさ」や「母親らしさ」の強調ではなく，個体としての〈私〉が前面に押し出され始めたのである．さしずめ，DCブランドをまとう〈私〉，カルチャースクールで学ぶ〈私〉，ガーデニングに凝る〈私〉などはその一例であろう．ごく単純化するならば，かつて均質な母親像に塗り込められた〈私〉は，モノという記号の間を自在に浮遊する〈私〉に取って代わられたということである．この〈私〉が母親役割から離れたコミュニケーションを重層的に成立させうることが，女の生き方に振る舞いの自由をもたらす基盤になった．というのも，モノという記号を介した出会いの場では，社会的属性そのものは周縁的なことに過ぎず，むしろ社会的属性に深入りしないことを暗黙の了解として，コミュニケーションの安定は担保されるからである．あるいは，「モノの違いがわかること」や「ノリのよさ」，もしくはモノという記号に仮託された個性の方が，社会的属性そのものよりもコミュニケーションにとって重要だったということなのである．

ターナー（Turner, V.）のコミュニタス（communitas）概念を用いて，上野千鶴子は「商品を介するより多くのコミュニタスへの多元的な参加は，もちろん社会生活の多元化の反映であり，それはアイデンティティの分断と多元化とを帰結する」と指摘している（上野，p.78）．いわゆる「中流」の母親も，その気になりさえすれば都会では山の手風エレガンスを，リゾート地では別荘族風カジュアルを楽しむといった具合に，モノという記号の配列を巧みに用いることで，多様な〈私〉を演じ分けることができたのである．1980年代当時，すでに戦後第一世代の女がさまざまな社会活動に参加していたこと，女の行動範囲が匿名の空間にまで拡張されていたことなど，相互行為のオーディエンスが分断されており，「印象操作」の演出効果を高めるための舞台は整っていたのである（井上・江原編，1995　pp.160～161）．しかしながら，ターナーのコミュニタス概念がそうであるように，社会構造の周辺領域における社会的役割の解除は，社会構造と反構造という補完関係を前提とする（ターナー，1981　pp.47～60）．コミュニタスが制度化された諸関係を越えたところで成り立つ交流であるとしても，それは社会構造との相補関係において成り立つ反構造に過ぎず，したがってモノという記号に沸くコミュニタスもまたジェンダー構造との相補関係において成り立つ泡沫（うたかた）の反構造に過ぎないということになるが，この点を博報堂生活総合研究所が行ったマーケティング調査は，はからずも，浮かび上がらせているようである（ターナー，pp.170～171）．

同研究所はマーケティング調査に基づいて，「あえて，普通の主婦に注目することを勧めたい」と進言した（博報堂生活総合研究所編，1987　p.27）．女がタブー感と魅力感を同時に抱く分野が新たな市場として有望であるというのである．たとえば，当時の主婦は夜の外出をタブー視しており，その時間帯が残業や接待に追われる夫や塾に通う子どもの帰宅を待つ「待ち時間」と化しており，ここに市場開拓の余地があることが示された（博報堂生活総合研究編，p.132）．「妻として母として主婦としての時間に，さらに何と何をプラスさせるかという『α』の部分が重要」であり，そこに，いかなる差別化戦略を打ち立てることができるのかが企業の力量だったのである（博報堂生活総合研究編，p.80）．このようにして，女がタブー感と魅力感を同時に抱く分野が，女の罪悪感を払拭するような仕掛けの下で新たなターゲットとして狙い撃ちされ始めると，従来のジェンダー構造は挑戦を受けるように思われるかもしれない．しかし，調査報告が「いまの幸せを守りたい．崩したくない．豊かで幸せな，安定した生活を続けたい」という女の欲求にも言及しているところを見ると，企業の差別化戦略がジェンダー構造を大きく揺るがすとは考えにくい（博報堂生活総合研究所編，p.24）．

しかし，マーケティング調査から見て取れる主婦の夜の外出に関する男女間の意識の乖離には注意が必要である．主婦の夜の外出については，「自由に外出させてくれる」「食事のしたくなどをやっておけばOK」「あらかじめ断っておけば協力的」など，夫の同意があるとする妻の回答が70％に達するのに対し，同じ質問項目に対する夫自身の回答は21％に落ち込み，さらに本音の部分を問われると，「女は夜は家にいたほうがよい」と考える夫が67％と多数派を占めていた（博報堂生活総合研究所編，pp.126～127）．女の想像以上に，男は主婦の夜の外出に違和感ないし反感を抱いていたということであろう．しかし，「外出する妻」たちに抱く夫たちの感情とは異なった次元で，企業は新しい消費の主人公として家庭をもつ女をターゲットに定めた．企業の差別化戦略は，タブー侵犯と関わった女の罪悪感をモノという記号によって払拭し，「女性の側から無境界化が推し進められて」いくようなダイナミズムを引き起こしていたのである（博報堂生活総合研究所編，p.102）．

4　顕在化する男の問題

(1)　稼得労働を担うこと

高度消費社会の到来を追い風に，女の生き方が変化の兆しを見せ始めたのとは対照的に，「生活費を稼ぐことが男の役割」という意識に男女ともに変化はなく，稼得労働は家族責任と関わって男の担うべき役割であった（経済企画庁，1983　p.120）．家計を担う労働は男に任せるという「両性間の取り決め」は揺るぎのないものであり，同時に，稼得労働は戦後第一世代の男にとって誇らしさや生きがいの源泉だったのである．「男らしさ」をどのように捉えるのかという問いに定見があるわけではないが，仮に男に望ましいと考えられる像を「男らしさ」と捉えるならば，戦後第一世代の男は「決断力と指導力」（89％），「同僚から認められる」（70％），「弱みをみせない」（58％）といった項目に高い評定値を示している（山嵜哲哉，2001　p.120）．そして，彼らにとっての「男らしさ」は，労働現場で理念的に追求されるリーダーシップ，共同体意識，競争意識といった要件に適合的である（山嵜，p.120）．リーダーシップが自己実現をもたらす可能性，共同体意識が「同じ釜の飯を食った仲間」との連帯をもたらす可能性，そして競争意識が「良きライバル」との切磋琢磨をもたらす可能性，そのような可能性に男は勝負を賭けたがったのである．「男らしさ」が切り拓く男の世界とでもいえばよいだろうか．そして，男たちが醸しだすその世界は，デフレ不況が深化する過程でいかに侵食されていったのであろうか．

高度経済成長の終焉とともに，すでに予測されていたことだが，戦後第一世代の「ポスト不足」や「昇進の遅れ」，そして彼らを対象にした「選別強化」が現実味を帯び始めたのは1980年代半ば以降のことである．1987年の

『NEXT』では，「35歳以下の社員層での過剰感を訴える企業は，僅か2％にも満たないのに，35歳ラインを超えた途端に過剰感を訴える企業が20％弱と約10倍にハネ上がる」と，企業における35歳以上の層の労働力過剰感が強調された（『NEXT』1987.6）．その上で，「今，35～40歳世代で定年まで勤められる比率は5割強と予測される」という来たるべき「リストラの時代」について言及した．つまり，「ポスト不足」「昇進の遅れ」「選別強化」に留まらず，終身雇用制度そのものが崩壊しかねないという認識が示されたのである．1985年のプラザ合意以降，すでに輸出依存度の高い重厚長大型産業におけるブルーカラー層の中高年男性の失業が耳目を集めていたが，ホワイトカラー層の中高年男性の失業もまた対岸の火事ではなくなりつつあったのである．

では，雇用環境の悪化が見込まれる中で，戦後第一世代の男たちは実のところ，どのような態度で稼得労働に臨んでいたのだろうか．①早出やサービス残業，人的ネットワーク作りや自己啓発，チャレンジ精神などの〈生活態度としての能力〉，②職務の割り当てや配置転換に応じて柔軟で弾力的に働くことのできる〈高度なフレキシビリティへの適応能力〉が労働現場で要請される能力である，と熊沢誠は述べていた（熊沢，1997　p.40）．他方で，戦後第一世代の男は，かつて高度成長期に“日本株式会社”を支えたモーレツサラリーマンほど「昇進にはこだわらない世代」とみられていた（『週刊サンケイ』1985.6.13）．だが，「決断力と指導力を発揮したい」「同僚から認められたい」「弱みをみせたくない」という調査項目に高い評定値を示したことから推察されるように，彼らは労働現場においては絶えざる能力向上と順応に努めていたのである．職務の割り当てや配置転換に敏速に対応すること，早出やサービス残業を厭わず，チャレンジ精神旺盛に人的ネットワーク作りや自己啓発に取り組んでいくこと，そのような過程を通して周囲からの承認が得られると彼らは考えていたのである．だからこそ，法定労働時間を逸脱する程の長時間労働を強制と受け止めなかったのであろう．

戦後第一世代に属する鹿嶋敬は，自らの経験から次のように述べている．時短が促進されたとしても，「そのまま真っ直ぐ帰路につくかどうかは，かなり怪しい．男は外に出ると七人の敵あり，などというのは半分正解としても半分は不正解だ．むしろ『七人の友あり』とでも言った方が的を射ており，とにかく会社にはカラオケ友だち，マージャン友だちと豊富に寄り道友だちが揃っている」（鹿嶋，1993　p.35）．フォーマルな生活とインフォーマルな生活をないまぜに，リーダーシップを発揮したり，共同体意識を培ったり，競争意識を刺激し合ったりする男たちの濃密な関係が，男を稼得労働に過剰投入していく契機を生み出していたのである．とりわけアフターファイブのネットワークは，「遊び」の要素を多分に含みながらも，仕事に関する連絡や相談などを円滑に行う関係であると同時に，男たちのストレスを緩和する機能を果たしていた．だからこそ，鹿嶋は「やりがいを感じている人ほど，飲みに行く回数も多い」という調査結果を紹介している（鹿嶋，p.37）．しかし，そのような働き方は，年功序列的な賃金と長期雇用が保障され，安定を確信できた男たちに許された「男らしい」働き方だったといえるのである．

1995年に提示された日本経営者団体連盟（日経連）の『新時代の「日本的経営」』は，「長期雇用能力活用型」「高度専門能力活用型」「雇用柔軟型」という雇用形態の分割案を提案した4)．それは，年功序列的な賃金体系の下で高賃金を得ている中高年男性の一部を雇用調整の対象とすることを含意していたのである．実際，グローバル化の余波としての大型倒産，企業間の合併や買収などがすでに予測され，指名解雇，退職勧奨，希望退職の募集が断行され始めると，その矛先は真っ先に中高年男性に向けられた．しかも，日経連の掲げた分割案は，「失業している（雇用されていない）人や解雇された（雇用され続けなかった）人は本人に雇用されうる能力がないからだ」という「自己責任」の発想に繋がやすい（櫻井純理，2002　pp.90～91）．こうして，「自己責任」という言葉が流通するようになると，能力主義的選別と自助努力の強制に晒され，中高年男性は疲労感や徒労感に襲われたに違いない．約束された終身雇用制度の終焉は，「男らしい」働き方が綻びつつあることを明確に告げていたのである．

男の世界は，多少の困難や辛苦があったにせよ，それをともに乗り越えていこうとする男たちの連帯に支えられてきた．そして，そうであるからこそ，男は稼得労働から単なる家族責任を超えた生きがいや誇らしさを引き出すことができたのである．50～54歳の男性の離職者数が1996年約16万人，1997年約18万人，1998年約21万人，1999年約23万人と増加の一途を辿る中で，労働現場を去らざるをえない者，自らの意志で去る者，去ろうにも去れない者，自らの意志で労働現場に踏みとどまる者，その彼らを束ねてきた紐帯が雇用調整によって綻びを見せる時，いずれの道を辿ろうとも男が稼得労働にかつてのような誇らしさや生きがいを見出すことはむずかしい（湯本，p.43）．湯本が指摘するように，「高度成長期に成長が期待できる業種や企業に就職し，幾多の試練を経ながらも相対的に安定した職業生活をおくってきた人びとにとって，生活の中心は職場社会である．合理化はそれによって職業社会から排除された人びとから生きがいを奪うだけではなく，かろうじて残った人びとにとっても安住できない職場環境を生みだす」のである（湯本，p.44）．

「男らしい」働き方がひときわ輝いてみえたのは過去のことである．さらに1990年代は中高年男性の生きにくさが次第にあらわになる時代の幕開けでもあった．戦後第一世代の男が生きがいや誇らしさを見失いつつある時，男たちの「名もなき問題」が顕在化するのは避けようもなかったのである．

(2) 「男らしさ」の綻び

天野正子は，戦後第一世代の男の「昇進よりも家族の生活が大事だ」（66%）「家族の生活を多少犠牲にしても仕事に打ちこむ」（57%）という一見矛盾する調査結果に対して，「この，互いに相容れないようにみえる回答も，彼らの論理からすれば矛盾するものではない．彼らにとって『家族と会社』は二者択一のものではなく，家族を大事にするために会社や仕事に専念するのだ」と述べた（天野，2001　pp.170～171）．

たしかに，「仕事が大事」あるいは「家族が大事」という二つの思いに引き裂かれながらも，どこかで折り合いをつけていくことは，マイホーム志向の強い戦後第一世代の男ならば誰しもが抱え込まざるをえないテーマであった．だが，戦後第一世代の男に特徴的なことは，公領域と私領域の予定調和を無邪気に過信していたことである．そして，今，男たちは，労働環境の変化や女の結婚観の変化という想定外の事態に適応できないでいるのではないか．

たとえば，1979年の「婦人に関する世論調査」の女性の結婚に関する質問項目において，30～39歳の男性では，「精神的にも経済的にも安定するから結婚したほうがいい」（27.6%）と「女の幸福は結婚にあるのだから結婚したほうがよい」（26.2%）が拮抗していた（経済企画庁，1983　p.108）．これに対して，同年齢の女性は「一人立ちできればあえて結婚しないほうがよい」（31.4%）が最多という対照的な結果が示された．当時の30～39歳という年齢層からみて，調査結果には相当数の既婚女性が含まれていることが推察されるが，その既婚女性を含めてシングル志向が芽生えていたのである．このような志向が萌芽する背景を既婚男性はどの程度認識できていたのだろうか．「精神的にも経済的にも安定するから結婚したほうがいい」，「女の幸福は結婚にあるのだから結婚したほうがよい」と答えた既婚男性は，結婚生活に満ち足りている妻の姿を思い浮かべたのだろうか．そうだとすれば，自立できる経済力さえあれば，シングル生活も厭わないような冷めた結婚観をもつ女がこれほど多く存在するとは想像だにしなかったことだろう．だが，その冷めた結婚観をもつ女が自分の妻でないという保障はどこにもないのである．

妻は，結婚，出産や育児，夫の転勤に伴う転居など，生活者としてのアイデンティティの分断を幾度となく強いられる．これとは対照的に，夫が勤労者としてのアイデンティティの連続性を保障され，稼得労働に邁進することができたのは，ジェンダー構造が強固に制度化されていたからである．ジェンダー構造に根ざした「男らしさ」から誇らしさと生きがいを引き出している夫が，ジェンダー・バイアスに苛立つ妻のことを想像するのは容易ではなかったのだろうが，ジェンダー・バイアスに頓着しない夫の些細な振る舞いが妻をますます滅入らせたのである．「経済的な満足」はともかくとして，「感情的な満足」に程遠く，ここから，自立できる経済力さえあればシングル生活も厭わないような冷めた結婚観が芽生えるのはさほど距離がないように思われる．とはいえ，山田昌弘が指摘したように，①生活水準の維持を優先して，感情的欲求を断念する（=離婚しない），②感情的欲求を優先して，経済的欲求を断念する（=離婚する）という二者択一の中で，大多数の妻は前者を選択せざるをえなかった（山田，1999　p.28）．手のかかる子どものいる妻にとって，離婚は現実的な選択ではなかったのである．

これと関連して1990年代半ば以降の統計結果をみておきたい．50～54歳男性の離職者数の増加と軌を一にして，50～54歳（夫の年齢）の離婚件数が1996年1万59件，1997年1万1394件，1998年1万3898件，1999年1万5697件と上昇し続けた．離職と離婚との連関を直接説明するデータではないが，現象化したおのおののデータは何を意味しているのだろうか．

子どもの巣立ちを迎えつつある中高年夫婦が向老期をともに過ごすか否かは，経済的な結びつきもさることながら，夫婦間の信頼や愛着といった情緒的な絆の有無に左右されがちである．しかし，失業は夫ばかりではなく妻の疲労感やうつ気分を増幅させるといわれており，とりわけ予期せぬ失業に見舞われた夫婦が情緒的な絆を保つことは容易ではない（経済企画庁，1999　pp.115～116）．経済的な危機である失業は，離婚も含めた夫婦関係の破綻に繋がりやすいのであり，失業による家族生活の危機を乗り越えられるほど夫婦の絆は強くない場合が多い．ここに中高年男性の自殺者実数の増加が追い討ちをかけたのが，1990年代半ば以降の戦後第一世代の男を取り巻く状況だったのである．

「〈わたしは，わたしである〉，そしてその後に，〈わたしは男性である〉．……〈わたし〉と〈過度に期待された男性〉との間の隔たりのなかに，世の中の亀裂がのぞいている」とベックは述べている（ベック，pp.214～215）．ジェンダーに関する限り，戦後第一世代の男は，〈わたしは，わたしである〉とか〈わたしは男性である〉ということをことさら意識する間もなく，制度化されたシステムにからめ捕られて生きてきたのである．稼得労働にまつわる問題は，彼らにとって広義の労働問題であったのかもしれないが，ジェンダー問題ではなかった．彼らが依拠したシステムがジェンダー構造に規定されているにもかかわらず，ジェンダーを意識することなく，彼らは公領域と私領域との均衡を保とうとしてきたのである．しかし，「男らしさ」を下支えしてきたシステムが，公領域では失業の危機，私領域では離婚の危機という形で崩壊しつつある．彼らが暗黙のうちに想定した公領域と私領域の予定調和は崩れ去ったのである．

1997年に50歳で自殺した戦後第一世代の父親のことを，娘は次のように綴っている．

> 私宛の遺書には，「××ちゃんを遺して死んでいくのは，ほんとうにつらい．でも，借金があって一文なしのお父さんはどうすることもできないから，命と引き替えにお金を残す．お父さんの死なんか気にせず，受験頑張れよ」というような内容のことが便せん三枚にわたって書いてありました．
> そして，お通夜の日の朝には，父が死ぬ前日にデパートから贈ってくれた最後のクリスマスプレゼントのバッグが私と母に届きました（あしなが育英会編，2002 pp.78～79）．

経済的な問題で諍いの絶えなかった妻との関係，夫婦間のもめごとに巻き込まれることを嫌っていた高校生の娘との関係，そして荒廃する自らの生活，自らが引き起こしたこれらの悪循環の連鎖を絶つことができなかった父親にとって，せめて，後に残される家族にプレゼントを贈ること，自らの命と引き替えに支払われるであろう保険金を家族の手元に遺すことが，考えうる最善の策だったのであろうか[5)]．自殺の背後に第三者の憶測を許さない固有の物語が秘められていることはいうまでもない．しかし，死を目前にして父親のしたためた遺書や父親の選択した行動は，自らが果たしたくても果たすことのできなかった家族責任と家族愛によるものであったに違いない．十二分な消費生活に家族責任と家族愛を重ね合わせ，そこに理想的な家庭人としての自己像を求めたのだとすれば，現実にそれを満たすことのできぬ父親にとって，せめて最期の瞬間だけでも，理想的な家庭人としての役割を演じることができるか否かが重要だったのだろう．ベックのいうように，「〈わたし〉と〈過度に期待された男性〉との間の隔たりのなかに，世の中の亀裂がのぞいている」のである．ジェンダー問題のはるか手前に留まり続けていたかにみえた男が，実際には，ジェンダー規範に過度に囚われ，ついに身動きが取れなくなる．この男の不幸の典型として中高年男性の自殺がある．

家庭は，失業の危機に瀕した男が疲れ切った心身を癒す情緒安定装置であるというよりは，むしろ男を稼得労働へ駆り立てる装置と化しているといっても差し支えない．消費主体として登場した女や子どもの消費欲求を満たすことに家庭人としての喜ばしさを感じ取り，それが家族責任や家族愛の現われであるとしても，そうであればなおのこと，男が働き続けなければならない現実は，とりわけ失業の危機に瀕した男にとって抑圧的である．にもかかわらず，家庭が挫かれた男の自尊心を慰撫し回復することのできる安息の場であるかといえば，そうではない．1990年代半ば以降の戦後第一世代の男をとりまく状況は，「男らしさ」を下支えするシステムが公領域においても私領域においても揺らぎつつあるにもかかわらず，生産の主体として働き続けなければならない男の側に生じたジェンダー・バイアスを意味している．「男たちはもうすでに，〈男らしさ〉に充満した世界は——部分的にはともかく——全社会的には許されていない．しかし，〈男らしさ〉の神話は——それに代わるものが，男たちの前に出されていないがゆえに——死滅することなく男たちにとりついている」（伊藤，p.133）．

5　男の居場所

戦後第一世代は，基本的には戦後の豊かさを享受できた世代である．また，彼らは独身時代からその消費動向がボリューム・マーケットとして常に注目され続けた世代でもある．ベビーブーマーである彼らのライフステージに照準を合わせて，ブライダル産業が生み出され，ベビー市場が創出され，ファミリーレストランなどの外食産業が普及した．今まさに，エルダー市場が生み出されつつあるのも，消費社会にとって依然彼らが魅力的な存在であり続けているからだろう．そして，彼らは，三浦展のいう「明るくほがらかに生活する家族が，豊かな消費生活のイメージと結びつきながら理想化され」るといった意味において，モノに規定された家族の生活様式を獲得した最初の世代である（三浦，1999　p.16）．それは家族の凝集力を消費によって保たなければならない家族の生活様式であると同時に，「家族らしさ」を演じなければならないような家族のあり方とでもいえばよいだろうか．中野収が「『家族する』家族」という言葉を用いて説明したように，労働の単位としてではなく，消費の単位として組成された家族がマイホーム志向の下で家庭的なイメージを維持しようとすれば，「偽善・欺瞞とされても仕方のない作為，作為を持続させるための『努力』が必要」だったのである（中野，1992　p.73）．

とはいえ，中野は「ものわかりのいいふりをしている父親」「一生懸命『父親している』父親」「父親であることを過剰に意識している父親」などはどことなく不自然であり，「妻や子どもたちの示す親和と愛に偽善と欺瞞を発見して，みずからの家庭内の役割をたとえば給料運搬人に限定する．あるいは偽善・欺瞞との直面を避けるために，家族との接触を最小限にする」場合もあるのではないかと，「『家族する』家族」における父親の座りの悪さについて言及した（中野，pp.94～99）．「『家族する』家族」で「父親（あるいは夫）することと」には偽善や欺瞞に満ちた不自然さが漂うような困難が伴ったのだが，男は「給料運搬人」として自らの存在価値を誇ることができ，家族は母子関係を中心にひとつのまとまった雰囲気を醸し出すことができたのである．しかし観点を変えるならば，前章で山元が指摘したように，「『働き過ぎと浪費』の循環」が形成され，その結果として稼得労働に傾く男の家庭での不在が常態化していたのである．その際の問題は，彼らの男としての自覚が，稼得労働によって家族を経済的に扶養するという結果のみに限定されていたことなのである．それは一体なぜなのか．

戦後第一世代の男は，ジェンダー構造が強固に制度化されていた時代に就職し，稼得労働を通して男としての誇らしさと生きがいを引き出してきた．しかし，「男らしさ」を彼らが主観的に意識していたわけではない．たしかに，

「男＝公領域における稼得労働，女＝私領域における家事・育児」という男女役割分業は，ジェンダーの枠組みとして「男らしさ」と「女らしさ」の近代的形態を生み出した．男の役割は稼得労働にあり，稼得労働が「男らしさ」の中核を成したのである．だが，ジェンダー実践の過程で，女が女という社会的属性と関わって「〜らしさ」を認識するように，男も男という社会的属性と関わって「〜らしさ」を認識していたのかは疑わしい．男は，「職業を通して社会に参加し，そこで一人前の人間になる」という選択をした時，この選択に埋め込まれたジェンダー構造に無自覚なまま，「職業人」として，稼得労働に勤しむことを選んだのである．制度化したシステムの中で，未婚か既婚なのか，若年層か中高年層なのかとは関係なく，「職業人」として彼らを一斉に稼得労働に収斂していく力学が働いていたのである．その「職業人」の大半が，ジェンダー構造に根ざした男であるということは明らかなのだが，それが男の生き方として素朴に肯定されていた．したがって，労働現場で要請される，リーダーシップや競争意識，仲間との連帯は，男たちに「職業人」の能力とみなされており，「職業人」としての挫折は，男にとって「人間」失格のレッテルを貼られるに等しい経験だったのである．

中高年男性を自殺へと追い込んでいく背景には，「男らしく」振舞わざるをえなかった男の悲惨が秘められている．彼らは，ジェンダー構造に無自覚であるがゆえに，自らがジェンダー規範に囚われていることを自覚することなく，その限界に追い込まれていったのである．そして，そこで意識されたのは男としての限界ではなく「人間」の限界であったのだ．しかしながら，「男らしさ」の自覚は，家族関係における扶養の事実においてのみ鮮明なものとなる．「家族する家族」を支えているのは，まさに，男の稼得労働なのである．車や住宅のローン，教育費，外食費や家族旅行の費用などを捻出するために，男は「リストラの時代」の先行きの不透明感とそれに伴う危機感に心身ともに蝕まれつつも，過重労働に耐えようとしたのである．男が「職業人」として生きる生き方の背後には制度化されたジェンダー構造の罠がある．その罠に無自覚なまま，構造の軋みに捕えられていった男たちの悲劇が，ここにはあったのだ．

・ 注

1) 三浦冨美子の手によって「unnamed problem」は「得体のしれない悩み」と訳出されているが，フリーダンが自著の第一章のタイトルを「The problem that has no name」と銘打っていることからも，彼女の意図は名前のつけられていないジェンダー問題の所在を人びとに喚起することにあったように思われる．著者のその意図を汲んで，本稿では「名もなき問題」という訳語を使用したい．

2) 団塊世代とは，狭義には1947～49年生まれを，広義には1946～50年生まれの世代を指す．本章では，落合が近代家族論の立場から言及した「家族の戦後体制」を担った1946～50年生まれの女性とその配偶者とを焦点化する（落合，1994 p.101）．その作業にあたって，配偶者である夫の年齢が広義の団塊世代よりもやや年長の世代にまで及ぶことから1946～50年生まれの女性とその配偶者を含む層を指す言葉として「戦後第一世代」を採用する．

3) 「管理社会や既成の権威を徹底的に否定した学園紛争とその挫折，さらには70年代のウーマンリブを経験した世代であり，……『観念』の上では男女平等の理念を理解している『つもり』の自称『リベラリスト』が相対的に多い」と指摘されるように，程度の差こそあれ，戦後第一世代は「男女平等」を理念的に支持した世代である（第一生命経済研究，2003 p.15）．この「男女平等」意識が独身時代に謳歌した自由を結婚と子育てで奪われた女たちの男に対する不満や憤り，不平等感を刺激し増幅させたのである．

4) 熊沢は，『新時代の「日本的経営」』で掲げられた雇用形態の分割案のねらいを次のように指摘した．それらは，① リストラを正当化すること，② 終身雇用の適用者を徹底的に限定する姿勢を示すことによって，「長期雇用能力活用型」の労働者に「活を入れる」ことである（熊沢 p. 70）．彼の指摘で注目すべき点は，雇用形態の分割案が雇用調整を梃子に窮極的には「長期雇用能力活用型」の労働者に対する労働強化の要請であったということである．

5) 生命保険の契約後，一定期間内に契約者が自殺した場合，生命保険会社が保険金を払わない「自殺免責」について，大手各社が2年から3年へと延長し，ほぼ横並びになったことが2005年10月3日に判明した（『毎日新聞』2005.10.4朝刊）．その要因としては，過去10年で自殺に対する死亡保険金の支払額および総支払額に占める自殺への保険金支払額が急増したこと，それらに加えて，数億円規模の保険金をめぐる訴訟で「明らかに保険金目的の自殺であっても免責期間経過後であれば支払いを拒否できない」（2004年3月）という最高裁の判断が示されたことがあげられる．つまり，「生保各社は『巨額の請求を防ぎ，保険金支払いを抑制するには免責期間を延長する』」など，保険金「目的」の自殺に対する防衛策を講じざるをえなくなったということであり，言い換えると，デフレ不況下において保険金「目的」の自殺がそれほどまでに漸増したということなのである．

・ 引用文献 ・

天野正子 2001「会社からの自立の条件——『家族と会社』の関係のつけ方」天野正子編著『団塊世代・新論——〈関係的自立〉をひらく』有信堂高文社
あしなが育英会編 2002『自殺って言えなかった.』サンマーク出版
ベック, U.（東廉・伊藤美登里訳）1998『危険社会——新しい近代への道』法政大学出版局
フリーダン, B.（三浦冨美子訳）1986『増補 新しい女性の創造』大和書房
第一生命経済研究所 2003『ライフデザイン白書2004-05』
博報堂生活総合研究所編 1987『時流は女流——まだまだ変わる日本のおんな』日本経済新聞社
井上輝子・江原由美子編 1995『女性のデータブック（第2版）』有斐閣
伊藤公雄 1993『〈男らしさ〉のゆくえ——男性文化の文化社会学』新曜社
鹿嶋敬 1993『男の座標軸——企業から家庭・社会へ』岩波新書
柏木博 1986『欲望の図像学』未來社
経済企画庁 1983『国民生活白書（昭和58年版）』
経済企画庁 1992『国民生活白書（平成4年版）』
経済企画庁 1999『国民生活白書（平成11年版）』
熊沢誠 1997『能力主義と企業社会』岩波新書
三浦展 1999『「家族」と「幸福」の戦後史——郊外の夢と現実』講談社現代新書
中野収 1992『「家族する」家族』有斐閣
NHK「日本人の性」プロジェクト編 2002『データブック NHK 日本人の性行動・性意識』NHK 出版
落合恵美子 1994『21世紀家族へ（新版）』有斐閣選書
———— 1995「ビジュアル・イメージとしての女」 井上輝子・上野千鶴子・江原由美子編『表現とメディア』岩波書店
大日向雅美 1988『母性の研究』川島書店
岡村清子 2001「いま団塊夫婦は……——どこからどこへ」天野正子編著『団塊世代・新論——〈関係的自立〉をひらく』有信堂高文社
櫻井純理 2002『何がサラリーマンを駆りたてるのか』学文社
ターナー, V.（梶原景昭訳）1981『象徴と社会』紀伊國屋書店
上野千鶴子 1987『〈私〉探しゲーム——欲望私民社会論』筑摩書房
梅棹忠夫 1988『女と文明』中央公論社
わいふ編集部 1993『変わる主婦・変わらない主婦——投稿誌「わいふ」の描く女の30年』グループわいふ
山田昌弘 1999『家族のリストラクチュアリング——21世紀の夫婦・親子はどう生き残るか』新曜社
山嵜哲哉 2001「団塊男性のジェンダー意識——変わるタテマエ，変わらぬホンネ」天野正子編著『団塊世代・新論——〈関係的自立〉をひらく』有信堂高文社

湯本誠 2001「日本型能力主義と『中高年』の苦悩――自殺の急増とその背景を中心に」『札幌学院大学人文学会紀要』第70号
読売新聞婦人部編 1988『日本人の人生案内』平凡社

第4章
「個性」への渇望―青少年の「私」と「他者」―

1 はじめに

「自分らしさ」という言葉がある．テレビをつければ，「本当の私を見つける」とか「自分らしく生きる」などという表現を眼にし，耳にすることも少なくない．インターネットの検索サイトで「自分らしさ」という言葉を検索すると，491万のホームページが該当する（2005年10月現在）．そこでは，インターネット上に公開された日記（通称「ブログ」）から企業・店舗・保育所などの経営理念まで，さまざまなところで「自分らしさ」という言葉が使われている．どうやら「他者とは異なる自分だけの個性」という意味合いを含むこの言葉は，人を引きつける宣伝文句として使われているようである．

土井隆義は，現代の若者たちの社会的性格として，個性への強い指向性が社会規範化されてしまっていると指摘する（2003　p.103）．2003年の第7回世界青年意識調査で，「どんなときでも自分らしさを貫くべきである」という設問に対して，日本の青年が「そう思う」「まあそう思う」と回答した割合は80.3％であり，97.7％のアメリカや同じく90％を越えた韓国・ドイツに次いで4番目に高い数値であった．しかし，「自分がどんな人間かわからなくなることがあるか」という問いに対して，韓国の78.6％に次いで，日本では50.7％が「ある」と答えており，アメリカやドイツが30％前後であった（内閣府，2004　pp.67～69）のに比べると，韓国や日本のこの傾向は，「自分らしさ」という価値観が土井のいうように「社会規範化」されつつも，その「自分らしさ」は欧米諸国のような強い自我として形成されていないことを示している．

では，そもそも「自分らしさ」とは何だろうか．ゴフマン（Goffman, E.）によれば，人間は「個人的アイデンティティ」「社会的アイデンティティ」「自我アイデンティティ」という3種のアイデンティティを有しているという．個人に生得的に備わった属性が「個人的アイデンティティ」であり，その個人の外見や職業などの「社会的立場」を明らかにすると同時に，その個人の人物像について想像する手がかりを与える属性が「社会的アイデンティティ」である．そして「自我アイデンティティ」とは，「個人が多様な社会的経験を経た結果，獲得するに至った自己の状況，自己の持続性，性格などについての自己了解」であり（1963　p.106＝1970　p.173），自らの行為に対する「意味ある他者」の視線を享受することによって形成される．この自我アイデンティティは，各個人の自己肯定の程度に応じて肯定的にも否定的にもなりうるが，個人が社会において自信をもって行為し，周囲との関係を良好に保つためには，安定的で肯定的な自我アイデンティティが必要である．

ところで，先の検索サイトでみつかったホームページ上の「自分らしさ」の意味合いは大きく分けて2種類ある．一つは「自分にしか出せない（できない）何か」であり，もう一つは「自分の日常の行為や思考様式の傾向」である．この両者は表裏一体の関係にある．前者にはまず「他の誰でもなく，自分だけの個性」という理想のイメージがあり，現在の自分が未だ「自分らしさ」の域に達していないという意味で現在の自己を否定する．後者は，日常生活の何らかの場面で自らがとった行動や思考について，それが「いつもの自分らしい」ものであったのかどうかを不安に思い，「いつもの自分」という自分自身のイメージと実際の自らの行動や思考に対する認識の間に乖離が生じていることを意味する．その結果，ある行為や思考に対して「これは自分らしくない」という自己評価を下すならば，それは「いつもの自分」というイメージに対する現在の自己の否定であるといえる．さらに，周囲の他者から与えられる「自分らしさ」に関する評価と，自分が「こうありたい」と望む，あるいは「こうであるはずだ」と認識しているイメージとの間の乖離が同様の葛藤を引き起こす場合もある．

したがって，青年が求めている「自分らしさ」「個性」とは，この3種のアイデンティティが互いに齟齬を生じることなく均衡した状態であり，「自分探し」とは，自己肯定感を伴ったアイデンティティを形成するための行為である．さらに，「自分探し」に伴って個人が感じる葛藤とは，この理想化されたバランス状態と自我アイデンティティとの間の齟齬であるということができるだろう．

この齟齬を解消して「自分らしさ」を獲得するために青年が執る手段として，社会現象化しているものが大きく分けて二つある．一つは仲間集団を形成し，仲間との関係性の中から「個性」を獲得しようとする青年，もう一つは逆に社会関係から離れて「ひきこもる」青年である．これらは一般に全く異なる現象として，前者は比較的健全な青年期の現象として，後者は精神分析学的・心理学的に治療されるべき病理として，捉えられている．しかし，この2種類の青年たちは，いずれも社会の中で「個性化」というベクトルを内面化しているという点で，表裏の関係にあるように思われる．本論ではその点を明らかにし，さらに，その社会的背景について考察する．

2 「群」を作る青年たち

(1) 葛藤を避ける世代

繁華街に出ると，若者たちが仲間同士で行動しているのをよくみかける．集団ごとに同じ系統の服装を着ている青年たちの意識について分析され始めたのは，それほど最近のことではない．古くは70年代に松原治郎が総務省の調査などから各国の青年の意識を比較し，その上で日本の青年の特異性について，「① ドライと，情緒的であるという一見奇妙な結びつき，② 社会的視野の狭さ，③ 社会的役割認識の欠如」(1974　p.97) という3点を指摘し，80年代には栗原彬が青年のアイデンティティ拡散について「(一) 自己定義の延期や回避，(二) 目標喪失と決定の回避，(三) 自信の喪失，(四) 社会性の縮小，(五) 役割パターンの拒否，(六) 生活世界への関りの欠如，(七) 時間展望の拡散として現われる」(1981　p.181) と分析している．しかし，土井も指摘するように，栗原が「アイデンティティ拡散症候群」と名付けた青年たちが，20

年余り経過した現在では40歳代であり，親の世代となっていることを考えると，アイデンティティの拡散という社会的性格は親の世代から子の世代へと継承されることによって，その性格をより強化していると考えられる．

博報堂生活総合研究所は，1994年の青年に関する調査の中で彼らを「まさつ回避世代」と名付けた．「まさつ回避世代」は，① 自然体：「無理しない，我慢しない，対立しない，気にしないといった自分のこころの中での葛藤を避ける，まさつを起こさないような生き方である」② よいこ：「楽天的な面はあるが，まじめで，素直で，前向きといった姿勢もみられる」③ 低温：「行動情報化の影響もあるが，若いのにクールで現実的である．情報や友達に対しての思い入れは弱く，インデックスとして，必要な時に，必要なものが取り出せるような関係を求めている」④ 囲い込み：「自分基準を大事にし，個を尊ぶこの世代は，個人化を実現するために自分のまわりに囲いをつくる．仲間にしても，本当に気の合った者だけをボックスのように囲い込む」⑤ 無性化：「男である，女であるという境界が消え，男女の意識ギャップも小さくなった」という５つの特徴を備えている（1994a　p.22）．こうして，この10年余りの間に，「役割パターンの拒否」や「社会性の縮小」，「生活世界への関りの欠如」という傾向が，「自分のまわりに囲いをつく」り，「必要な時に，必要なものが取り出せるような関係」を求める傾向へと変化したことは注目に値する．

土井は，「1980年代に思春期を経験した人々は，持って生まれてきたはずの『自分らしさ』にこだわり，社会関係のなかでの成長発達という図式にはリアリティを感じえない最初の世代であった」（2003　p.284）と述べ，「いまの子どもたち」がこの世代の子どもであることを指摘した．すなわち，「1980年代からしばらくは，〈いい感じ〉を基準にふるまうようになった子どもたちに対して，世の親たちはまだ違和感を持っていた．彼らを新人類と呼び，世代の相違を実感していた．……ところが，当時の親世代にはまだ残存していたヒエラルキーの感覚は，いまやほとんど消滅してしまっている」（2003　pp.284～285）．こうして土井は，親と子の世代間は断絶するどころか，今では感覚を共有することによって対等な関係となり，親は子どもを「一人前の人格を体現し，大人と対等な存在」とみなしていると指摘する．

土井が主張するように，現代の青年が子どもの頃から「大人と対等な存在」，すなわち一個の人格であることを要求されているとすれば，彼らにとって個性化の要求は，かつてエリクソン（Erikson,E.H.）が示したような単なる青年期に特有の問題ではない．なぜなら，彼らにとっての「個性化」は，幼少期から常に家庭の身近な他者を通して形成された最も基本的な規範であるからだ．本来，個性は社会経験の蓄積の中から形成されるので，身近な他者との関係しかもたない幼少期に形成されるのは，個性としては未発達な段階に留まる．むしろ「個性化」の要求は，学齢期になれば，同じ規範を身につけた仲間集団と接する中で一層強化されていく．こうして，年を経るごとに「個性的な人格」を形成すること，すなわち「自分らしさ」を身につけることに対する欲求はますます強化され，同時に理想とする「自分らしさ」と現実の自分自身の間に葛藤を覚えるようになるのである．

(2)「やさしい」仲間関係

「自分らしさ」や「個性」は，他者との関係の中から形成されるものである．自我の発展の過程で，個人はまず「意味ある他者」との同一化によって「一般化された他者」を獲得する．バーガー（Berger,P.）とルックマン（Luckmann,T.）は意識の中におけるこの一般化された他者の形成は，「個人が今や単に具体的な他者と同一化しているということを意味するだけでなく，他者たちの一般性，つまり社会とも同一化しているということを意味している．こうした一般化された同一化を通じてのみ，彼の自己現認は安定性と持続性とを獲得する」（1977　p.224）という．

幼時に経験する第一次社会化の場合，準拠集団は家庭であり，「意味ある他者」には両親あるいはそれに代わる立場の人間があてられる．ほとんどの家庭の場合，この時期の情緒的なアイデンティティの確認は親子間の情緒的関係の中で行われている．ここで獲得する「一般化された他者」つまり規範は，家庭の規範であると同時に，家庭が属している社会の基本的な社会規範でもある．

次に，子どもは学齢期になると家庭を離れ，一日のほとんどを学校の中で仲間集団と共に生活する．特に中学生や高校生の場合，年齢的特性のために，学校よりもむしろ仲間集団を準拠集団として，友人を意味ある他者に位置づける．こうして，彼らは互いに「鏡に映った自己」として，相手の反応から自分の姿を客観的に認識しようとする．そして，複数の他者から取得した自分の姿を客観的条件と重ね合わせ，複合的に統合することによって，自己イメージとしての自我アイデンティティを成立させる．

通常，良好な友人関係を築いている場合には，その中から形成される自我アイデンティティもまた安定したものとなる．しかし，友人関係の中で葛藤や緊張状態を経験し，しかもその葛藤や緊張状態が解決されないような場合，自我アイデンティティを安定したものにするのは容易ではない．大平健は，軽い精神的な不安を訴えて精神科を受診する患者が増加していることに着目し，そうした「よろず相談の患者」には共通して他者との関係性の問題があることを指摘した．大平によれば，こうした患者は多くの場合，「モノ」を通して他者との距離を測り，「“個性”“能力”“自己実現”“健康”“やる気”など自分の内面性の大部分でモノに依存」する「モノ語り」の人びとである（1990　p.228）．さらに，こうした「モノ語り」の人びとの関係は，モノを挟んだ関係から，「相手の気持に踏みこんでいかぬように気をつけながら，滑らかで暖かい関係を保っていこうと」，相手との間に「やさしさ」という概念を挟んだ関係へと変化したと述べる（1995　p.71）．70年代に栗原は「やさしい」青年像を描き出し，「勁(つよ)いやさしさ」から「受け身のやさしさ」への移行を指摘した（1981　p.161）が，大平はこれを「治療としての『やさしさ』」から「予防としての“やさしさ”」への変化と捉える．そこでは，互いに相手の内面に深入りしないことを前提とした，人を傷つけないための「やさしさ」によって滑らかな人間関係が保たれる．

こうした「濃密なコミュニケーションなどという『うざったい』ものは避けられるべきものである」にもかかわらず，集団としてまとまろうとする関係のあり方を藤村正之は「みんなぼっち」と名付けた[1]．藤村によれば，「みんなぼっち」の行動様式には二つの特徴がある．一つには「外部との境界線に意味があり，そこでの範域にコミュニケーション回路を限定するということ，その一方，その内部空間には親しさと希薄さがともに漂」い，「みんな」でまとまりつつもその中の成員それぞれは「ひとり」である点である（1999 pp. 3〜14）．こうした傾向について彼は，他者との摩擦を経験する機会の減少に注目している．94年の博報堂生活総合研究所の調査でも，誰とでもコミュニケーションをとって仲良くできると言っているにもかかわらず，意見の合わない人には近づかないという若者の関係性のあり方が示されているが，藤村は，こうした状況によって，若者の周囲の人間が「意味ある他者」としての役割を果たせなくなり，プレイ段階からゲーム段階に進むことができなくなっていると指摘する．こうした状態では，一般的な規範が通用せず，いちいち相手に応じた対応を考えねばならない．「そのようなことで心を煩わされないためには，距離感を持った人間関係でやさしさを示していくほうが効率がよい」というわけである（1999 p.9）．

したがって，それがその集団に属する青年たちにとって，単に居心地のよい「居場所」であるのであれば，たとえそれが狭い世界の中に閉じこもったぬるま湯的なものであるとしても，彼らの自我はそれほど脅かされることはない．この関係性が危険なのは，単にそれがぬるま湯であるからではなく，この居心地のよいはずの「居場所」が，彼らにとっては必ずしも安心できる場所ではないからである．

(3) 「誰がやられるかわからない」不安

「本当に，面白いぐらいに，色んな人が悪口を言われ，無視され，仲間外れにされる．いつ，自分がターゲットになるかとドキドキしていなければならない」（藤井・NHK，2004 p.105）．NHKの特別番組が設けたインターネット掲示板での17歳の少女の発言である[2)]．赤坂憲雄は，現代の子どもたちが学校で「いじめられないためにはどうすればいいか——と問われて，目立たないこと・他人と違うことをしないことと答える」（1995 p.39）と述べている．赤坂は学校でのいじめを取り上げ,「共同化された疎外や排斥の矛先が,正・負いずれであれ,集団のなかのある種逸脱した部分に向けられている」(1995 p. 37) ことをもって,いじめの傾向の変化と捉えている.冒頭の少女の発言は赤坂の主張を裏付けるものであるといえる.

リースマン (Riesman,D.) は「他人志向型人間」について「不定的な『不安』」こそがその心理的な装置となっていることを指摘し (1964 p.21),他人志向型の若者が「自分が仲間はずれにされることへの恐怖」を強くもっていることを示した (1964 pp.65〜67).彼によれば,その恐怖は「この (リースマンが行った10代の若者グループへの) インタビューに関する限り,実にすさまじいもの」(1964 p.67) であった.これと同様の「仲間はずれ」への不安は,「やさしい」関係の中にも浸食している.既述のとおり,「やさしい」関係を円滑な人間関係を維持するための指針として集っている若者たちにとって,相手と深く関わることは互いに傷つけ合う可能性を含んでいるために避けられるべきものである.土井がいうように,その原因が,「自分らしさ」が個人の深淵に存在する「本質」であると捉えられていることにあるとすれば,他者に深く関わることで自らの本質が傷つけられたり,他者の本質を傷つけてしまうことに対して恐れを抱くことは当然かもしれない.その傾向は博報堂生活総合研究所の調査結果からも明らかである[3].

一方,土井は,世代間が対等となってしまった現代において,「自分らしさ」は〈本質的〉な要素とみなされていると指摘する.土井の説明によれば,親は子を「一人前の人格を体現し,大人と対等な存在」とみなす.したがって,子は物心がついた時から,一個の人格をもった人間として扱われ,そうあることが当然となっている.そのため,「自分らしさ」というものを社会的に形成していこうという視点が抜け落ちてしまったのである.

しかし,「自分らしさ」を「個性の本質」とみなすのであれば,仲間から排除される可能性に戦々恐々としながらも仲間集団を維持する必然性はない.自分ひとりの空間の中で自らと向かい合うだけでも,十分それはみつけられるはずである.それにもかかわらず,なおも彼らが仲間との関係性に依存するのは，実際に彼らが充足感を得られる場面が友人とともにいる時であるという経験に由来すると思われる[4]．つまり，彼らは友人との関係の中で自己を肯定してもらうことによる自己充足感を獲得しているのである．しかしながら，本来ならばそのまま自己確立につながるであろうこの充足感は，バーガー＝ルックマンのいう「アイデンティティの暗黙裡の確認」という機能を充分に果たすには至らない．なぜなら，個々人が「やさしい」関係の中で，本質としての「自分らしさ」を見出すために「ありのままの私」を演じる時，基本的には他者はそれを否定しない．しかし同時に，その場には仲間内での排除という深刻な不安が横たわっている．

このとき，二つの根本的な問題が生じる．一つめは，他の成員に対する不信感である．このような状況で，個々人は，他者の反応が表向きに示されたとおりのものであるかどうかを判別することができない．意識的であれ無意識的であれ，そこには，自分に対する他者の反応への根本的な不信感が根を張ることになる．

二つめに，個人がそこでの自分自身の行為について「流されている」とか「演じている」という感覚を抱くという問題もある．他者に対する根本的な不信感と排除への不安が根強い場所では，個人は場の要請する「私」を提示せざるを得ない．多かれ少なかれ，各種のアイデンティティとは，個人が他者との社会関係において何らかの役割を演じ合う中から形成されていくものである．しかし「やさしい」関係に身をおき，「自分らしさ」を「本質的な自己」とみなす青年にとって，それは自明のことではない．むしろ，他者との関係の中で役割を演じているという感覚は，「本当の私ではない」という感覚に結びついて，一層，自己の分裂感を強めるに至るのである．

こうして結局，他者からの承認から得られる充足感は，アイデンティティの形成には至らぬまま，単なるその場のみの居心地の良さになってしまい，成員たちの自己確立をもたらすはずの仲間集団は，単なる居場所になってしまうのである．

デュルケーム（Durkheim, É.）もいうとおり，個々人が皆自己の目的にのみ意識を傾けているような集団では，凝集力を維持することはできない．青年の集団もまた，何となく居心地の良い状態の中でただひたすら自らの本質をみつめるためだけに集っているのだから，その凝集力は弱いといえよう．かつてジラール（Girard, R.）が「身代わりの山羊」とよんだような，仲間集団内部での排除の構造が現れるのは，こうした凝集性の弱い集団である．彼らは，集団を維持するための手段として，仮想敵とみなした相手を一致団結して排除せねばならない．したがって，こうした関係の中で呈示される「ありのままの私」は，常に集団の意向から外れない範囲に抑制されねばならないので，「ありのまま」らしいものにすぎない．そのような演技としての「ありのままの私」が肯定されたとしても，理想的な「自分らしさ」のイメージと現実との間でバランスをとれるような自我アイデンティティが形成されるはずはない．「自分らしさ」を求めて仲間と「やさしい」集団を形成する青年たちは，このような悪循環の中に身を置いている．

3　ひきこもる青年たち

(1)　ひきこもりは個人的問題か

近年,「ひきこもり」とよばれる人びとに社会の注目が集まっている．2003年に厚生労働省がまとめた「10代・20代を中心とした『ひきこもり』をめぐる地域精神保健活動のガイドライン」によれば，2002年に全国の保健所・精神福祉センターへの「ひきこもり」に関する相談件数は総計1万4069件であった．

ところで，具体的に「ひきこもり」とはどのような現象をさすのだろうか．このガイドラインによれば,「『ひきこもり』はさまざまな要因によって社会的な参加の場面がせばまり，就労や就学などの自宅以外での生活の場が長期にわたって失われている状態のことをさします」として，生物学的・医学的症例を含めたさまざまな要因があることを示唆した上で,「（i）多様な人々が，ストレスに対する一種の反応として『ひきこもり』という状態を呈すること，（ii）狭義の精神疾患の有無に関わらず長期化するものであること，そして（iii）

『ひきこもり』という状態の特徴として，本人の詳しい状況や心理状態がわからぬままに，援助活動を開始せざるを得ないことが多々生じていること」が問題であるとしている（厚生労働省，2003　pp.4～5）．すなわち，厚生労働省は「ひきこもり」を精神疾患やその他の医学的疾患を原因とするものを含む「精神的健康の問題」であると広義に定義しているといえる．一方，精神分析医の斎藤環は「ひきこもり」を「社会的ひきこもり」として，統合失調症などの他の疾患を原因とする症状とは区別し，「二十代後半までに問題化し，六ヶ月以上，自宅にひきこもって社会参加をしない状態が持続しており，他の精神障害がその第一の原因とは考えにくいもの」（1998　p25）と定義している．

厚生労働省の定義は，斉藤による定義を引用した上で，「あるひとが『社会的ひきこもり』か否かという議論には，それほど大きな意味があるとはいえません」と，この区別を退けた．しかし，斉藤による定義は，「ひきこもり」現象を統合失調症や強迫神経症，鬱病などのような従来の精神病理から二次的に派生する同様の現象とは区別し，対人関係全般に端を発する問題として具体化した点が重要である．家庭や地域といった社会関係の中で解決されるべき問題であると位置づけ，社会との関わりを提起したところにこそ斉藤による定義の意義があるといえる．

「ひきこもり」が社会関係からの撤退としてあらわれる以上，それが社会関係と根本的に不可分であることは議論を待たない．しかし，それを精神病理とみるか社会病理とみるかによって，問題の背景に関する見方に大きな違いが現れる．厚生労働省の見解は，斉藤の定義を「医学的診断として提唱されているものでは」ない（2003　p.4）として退けている点からも，明らかに「ひきこもり」を精神病理とみるものである．他方，斉藤の見解も同様に，社会との関わりをもち出してはいるが，あくまで精神科医師としての立場から治療の必要な精神病理とみなしていることは明らかである．

このように「ひきこもり」を精神病理と位置づける見解は，それを個人の問題に還元してしまいがちである．斉藤のように社会との関わりを示唆する場合でも，「ひきこもり」の個人あるいはその家庭に問題があるという見解におさまりがちである．たしかに，社会関係からの離脱に至るまでの間に，各個人や家庭に何らかの問題があったことは事実であろう．しかし，個別の「ひきこもり」に対して精神医学的に対応するだけで，問題の解決になるといえるだろうか．

塩倉裕は「ひきこもり」を定義することの難しさを指摘し，自らの定義もまた曖昧さから逃れられていないとした上で，「ひきこもり」を「対人関係と社会的活動からの撤退が本人の意図を越えて長期間続いている状態であり，家族とのみ対人関係を保持している場合を含む」と定義する（2003　p.215）．この塩倉の定義の特徴は，「ひきこもり」からの脱却は専門家（医師）による治療なしには不可能であるとする従来の「疾患－治療」的視点に疑問を投げかけた点にある．塩倉は，多くの「ひきこもり」経験者が「同じような体験をした人と会って話し合いたい」という願望をもち，またそうした願望を基盤として，実際に経験者グループを立ち上げたり参加したりすることによって，治療というプロセスを経ることなしに回復する例があることを強調した．つまり，塩倉は「ひきこもり」を精神病理とみなす「疾患－治療」的視点に対して，社会病理としての視点を強調している．こうした視点こそ「ひきこもり」の問題に必要な視点である．

厚生労働省の2002年の推計によれば，全国で41万世帯が「ひきこもり」を抱えているという．41万世帯という数の人びとが社会関係から撤退し，「ひきこもり」の状態にあるのであれば，単なる個別の病理として対処するだけでは不十分であるといえる．「ひきこもり」はすでに社会病理として，そのマクロな社会的要因について考察されるべき現象である．

(2)　他者関係の困難

「ひきこもり」の中には，家族との関係だけは保っている者と，家族とすら断絶している者がいる．「ひきこもり」の青年たちは，前節で取り扱った青年たちのように，関係のない他者との関係から離脱しているだけではなく，友人関係からさえも離脱している．これについて土井は，「ひきこもり」の青年が

「常につるんでいなければ生きていけない環境のなかで，……そんなことで得られる存在感覚など内閉的な自己満足にすぎないことをすでに知っているはずだからです．妄想的な鏡像にすぎないことに気付いているからこそ，そこまで醒めきっているからこそ，彼らは引きこもらざるをえない」と述べる（2004 p.60）．つまり，前節で述べたような関係の中では「自分らしさ」を得ることができないが，個性を獲得することはすでに社会規範として確立されている．そのため，誰かと関係していなければ社会生活が成り立たないような社会の中で生きることに苦痛を感じる者は，社会関係から撤退せざるを得ないのである．しかし，社会関係から撤退しても，個性＝「自分らしさ」に対する欲求は残存するということになる．そして，「やさしさ」を関係性の規範とし，「自分らしさ」を〈本質的な自己〉と考えている青年たちもまた，何らかのきっかけで「ひきこもり」に至ってしまう潜在的な可能性を有している．

このように，「自分らしさ」は自らの中に宿る〈本質的な自己〉であると認識されているので，他者がいない世界へ退却したとしても「自分らしさ」を獲得することは十分に可能である．しかし，実際には〈本質的な自己〉などというものはありえず，「自分らしさ」＝自我アイデンティティは他者との関係の中でこそ形成されるものである．その他者との関係性から撤退した以上，「自分らしさ」を得ることはますます困難であるといえよう．

「ひきこもり」の大半は人間関係の困難から生じるといわれる．対人関係での葛藤から「ひきこもり」に至る理由は千差万別であろうが，そこには，他者との関係から「自分らしさ」を形成することも，〈本質的な自己〉としての「自分らしさ」を自己の中に見つけだすこともできずに苦しむ青年たちの姿がある．

⑶ 悪循環の中で

自我アイデンティティが他者との関係を通して形成されるものである以上，他者との何らかの関係があれば，そこには脱却の糸口も同時に存在しているといえる．しかし，本節の青年たちにはその仲間集団が存在しない．塩倉は「ひきこもり」の自助グループの取材から,「引きこもる青年たちの多くが共通して求めるものは,同世代とともに語り合い,生き方を探す場所であるように見える.〈自尊心が大きすぎたり小さすぎたりするために,人との適当な距離が取りにくい〉と感じている青年達にとっては,こうした『他者とのふれあい』が,距離感を修正する好機になる」と述べる(2002 p.68).実際,塩倉が取材した多くの「ひきこもり」青年や彼の元に寄せられた投書には,自分の経験について他者と話したいという言葉が散見される.

社会関係から撤退しても,「自分らしさ」という個性に対する欲求は消えることはない.むしろ,自分に自信をもてるようになれば,この状況から抜け出すことができると考え,より一層「自分らしさ」を求めるようになることもある.しかし,他者との関係を断った彼らが直面するのは,逆に安定感を欠いた自我アイデンティティのみである.

「引きこもっている最中,一人で繰り返すことは,自己批判であり,自己嫌悪であり,自己破壊です.自分で自分を,ずたずたにしてしまう感じでした」.「引きこもったことで,ちっぽけで虚弱な人間が,自分自身と社会を相手に果てしなく格闘しなくてはならなくなりました.逃避をしたはずなのに,逃げ場がないんです」(塩倉,2002 pp.55~56)という言葉が示すように,社会関係を離れてひきこもった青年たちは,逆に自分自身と否応なしに向き合わねばならなくなる.しかも,ひきこもることにより,社会規範に沿うことのできない自分自身に対する社会の目を否応なしに意識せざるを得ない.ひきこもりの期間が長期化すればするほど,それは強くなる.結局,そうして得られるのは,社会に出ることのできない自分自身に対する否定的な評価のみである.当然,理想とする自己のイメージと自我アイデンティティの間の乖離は大きくなる一方である.

ひきこもっている青年が自己との対話に耐えられなくなった時,その相手となりうるのは家族であろう.しかし,それは容易なことではない.塩倉によれば,民間の支援機関に「相談に来た親たちの多くが共通してもらす言葉の一つは,『いい子だったのに……』である」という(2002 p.46).ある男性は,

「〈自分は周囲から，いや親にすら受け入れられていない人間だ〉」という意識が，他者と人間関係を結ぶ際にブレーキとなっていると述べ（2002　p.49），また別の女性は，「『親にとってのよい子』という条件つきでしか私を愛そうとしなかった．そんな親に，恨む気持ちを抱えています．……本来なら『親が子を無条件に，ありのままに愛する』ことが最善の治療法かもしれませんが，『引きこもり』まで追い込まれてしまった場合，親への不信や恨みは深いです」と述べる（2002　pp.159～160）．そこには，身近な他者である家族との関係性すらも満足に形成することができないために，基本的な自己肯定感すら得ることができずに苦悩する青年の姿がある．

また，「ひきこもり」を抱える家族もまた苦悩の中にある．ある親は，「『娘さんは，いつも何をしているの？』とか『けっこうなご身分で』とか『プー（無職）』とか言われ続けています」（2002　p.169）と，塩倉への投書の中で述べている．斎藤は，「ひきこもりシステム」は周囲の無理解によって「抱え込み」の傾向を生むと主張する．彼によれば，「ひきこもり」を悪循環へと導く「ひきこもりシステム」は，「ひきこもり」に対する世間の目を圧力として意識することによって，問題を外には出さず，家庭内部で解決しようとする「抱え込み」の姿勢を生むことになる．こうして，「ひきこもり」の問題を抱え込むことによって，家庭自体も社会との関わりを断ってしまうことになる．このことが悪循環を生み，「ひきこもり」の長期化につながる（1998　pp.100～108）．そこには，塩倉のいう「『成人は休まず勤勉に働くべきだ』という勤労規範」の共有という問題が横たわっている（2003　p.227）．世間だけでなく，家族やひきこもっている本人までもが「働かねばならない」という規範意識を内面化しているために，社会生活から離脱することに対する世間の白眼視と，それを予測した当事者たち（家族も含む）の負い目を助長している．さらに，塩倉は支援団体の代表との談話を引いて，親が「『社会代表』のような説教の仕方」をすることによって親子間の認識の差が広がり，悪循環は「状況の固定化」にまで発展すると述べる（2003　pp.231～232）．

つまり，「ひきこもり」が悪化してしまう場合には，まず家族という身近な他者との関係性の欠落があり，また，家族とその周囲にも関係性の欠落がある．この二重の欠落がますます問題を深刻なものにしてしまうのである．そして，青年はあらゆる社会関係から離れたところで，ひとり自らとしか向き合うことのできない状況の中で，本質としての「自分らしさ」も，自我アイデンティティとしての「自分らしさ」も得ることができないまま苦悩することになる．

4　飽和する「私」

(1) 「自分らしさ」を得られない社会

第１節で展開した青年たちと第２節で展開した青年たちとの間に共通していることは，第１に，「自分らしさ」を形成することも，それを〈本質的な自己〉として発見することもできないまま現状に留まっていること，第２に，そのような状況において，他者との社会関係を形成できていないか，あるいは形成していてもそれが表面的な関係に留まっていることの２点である．

ボードリヤール（Baudrillard,J.）は『消費社会の神話と構造』において，大衆消費社会における差異化の始まりを一定水準の消費が社会全体に広く行き渡った状態であるとした．彼によれば，消費が理想とする幸福の形はまず「平等」の要請である．社会的に「平等」に消費が行われるようになった時に，消費の「差異化」が生じる．それは一定の消費水準の下で隣家や友人たちにほんの少しの差をつけるための差異化である．こうして，モノは理想型である「モデル」を元にして，さまざまな色や形のバリエーションを付けた形で生産される．これによって，差異化は単に何色を選ぶかというような「カタログ化」された中での選択の問題に還元されることになる．つまり，色・形のバリエーションや必要のない機能性などが自他を差異化するための付加価値として付与されるが，結局それらはモノの姿その物ではなく，また，モノの「本当の機能」とも関係のない微細な差異でしかない．

「やさしさ」でつながっている青年たちは，周囲の仲間から排除の対象にされない範囲で「自分らしさ」をみつけ出そうとする．〈本質的な自己〉としての「自分らしさ」をみつけ出すことはもちろんのこと，理想と現実の「私」のバランスを保った自我アイデンティティを形成することもできず，さらに，周囲の仲間と異なることが「自分らしさ」であると言うこともできない．彼らにできることは，仲間から否定されない範囲の中で，仲間以外の他者との比較から，自らの「自分らしさ」を主張するだけである．しかし，宮台真司が「島宇宙」と称したような，コミュニケーション回路の分断した関係性の中で生きている青年たちが，自分と他者とを比較する場合，ものの考え方や価値観などの内面的な比較はほぼ不可能に近い．それらの比較は，外面的でわかりやすい部分に留められることになる．つまり，「自分らしさ」は「カタログ化」された「スタイル」などの差異の消費によって示されるものにならざるを得ない．こうして，彼らは「自分らしさ」を得ようとしても得られない悪循環を一層強化してしまうことになるのである．

(2) 他者性の喪失

ボードリヤールは「他者性」という概念とその近代化による喪失を指摘し，現代の多くの問題にこの「他者性」の喪失が関わっていると考える．「他者性」は「魂や影や鏡に映った像のように，自らの他者として主体につきまとい，主体が自分自身であると同時に自分にすこしも似ていないという状況をつくりあげ」ることによって，自らの内部にある理解不能性についての葛藤を抱かせる(1990　p.119＝1991　p.152)．日常の何らかの場面で，自分でも抑制できない感情や気分に動かされてしまうような経験は誰にでもあるだろう．あるいは，「このように行動・思考できる自分でありたい」と望んでいるにもかかわらず，そのとおりにはいかない自分を歯がゆく思った経験はないだろうか．他者性とは，そのように自分自身ですら把握することも制御することも困難な思考や感情の状態であり，またそれに基づいた行為の方向性である．青年たちの求める「本来的な自己」は，自己についての理想のイメージであるのに対し，他者性は個々人に理想的な状態を与えるとは限らない．むしろ，合理的に説明のできない感情や衝動的行為をもたらすことによって，理想から隔たってしまうこともある．したがって，「他者性」をもった個人間および個々人の内部には，それぞれが抱える自己の理解不能性ゆえの対立や葛藤が引き起こされることになる．しかし，だからこそ，人間はそれぞれ独立した「個人」であり得たとボードリヤールは考える．

だが，ボードリヤールは近代が「ラディカルな他者性」を放逐してしまった社会だと述べる．「ラディカルな他者は耐えがたい存在であり，皆殺しにするわけにもいかないが，かといって受け容れることはできない．したがって，取引可能な他者，差異の対象としての他者を成長させる必要」(1990　p.138＝1991　p.178) があったのである．こうして，対立や葛藤をもたらすことなく人びとを区別することのできる「差異」の概念，すなわち，文化や育ち，さらには「心理学的」保証を得た「差異」も生み出された．今日「心理的」差異を説明する言説は枚挙に暇がない．血液型や星座による性格判断はもとより，好きな音楽，好きなテレビ番組など，どの「スタイル」を消費するかによって性格の「差異」が説明される．このような中にあって，主体の不透明性を生み出していた「ラディカルな他者性」は，目に見えて比較可能な「差異」に置き換えられる．こうして人びとは自らの行為や思考につきまとう不透明性を失い，透明な存在に転化してしまう．この状態を彼は「個人のスペクトル的拡散」とよぶ (1999　p.85＝2002　p.96)．この「スペクトル的拡散」の状態において，個人は「もはや何ものかにとりつかれては」いない (ボードリヤール他，1994　p.37＝1995　p.36)．個人はもはや自らを特定の役割や特定の思考様式に束縛されることのない「多様な分岐の総体」(1994　p.37＝1995　p.36) となる．そこでは，状況に応じて求められる「私」が示されるので，もはや異なる他者との関係における対立も葛藤も存在しない．互いに透明な存在になってしまった個人間の結合は，葛藤によって切り離されることもなくなる．同様に，個々の主体もまた，「私」と「他者性」との葛藤をもはや覚えることも，内面において自分自身が分裂しているという感覚を抱くこともなくなると，ボードリヤールは述べる．しかし，人びとの人格や個性への欲求がそれで失われるわけではない．人びとが他者とは異なる独自の能力を伸ばし，個性的であることを人間のあるべき姿とし，人格を聖なるものとみなす個人主義への指向は，未だ共有されている．そこで，記号としての個性を価値あるものとして生産し消費する構造が作られるのである．

(3) 他者のいない世界

こうして，「ラディカルな他者性」を失った主体において，「自己同一性は，悲壮な不条理を伴う夢となる．……一切の特異性を失ったとき，ひとは自分自身を夢見て，自らを確認しようとする」(1999 p.72＝2002 p.80) とボードリヤールは述べる．しかし，そうして夢見た自分自身は，もはや聖なるものの記号でしかない．「《特殊な差異》は，産業的に生産されるので，主体がなし得る選択は初めから固定されている．残るのは，ただ個人的な区別の幻想だけ」(1968 pp.213〜214＝1980 p.188) であるから，「ラディカルな差異」が失われた中で「ラディカルな差異」を獲得しようとすれば，生産されたそれを本物と信じて消費する以外にない．こうして，自らを他者と異なる存在として認識し，自己同一性を得ようとする人びとの「夢」は，透明な存在である自分自身に記号化した「個性」を上塗りするだけの「悲壮な不条理を伴う夢」となってしまう．「モデル／シリーズの図式が作る必然的で動的な物のコンテクストにおいて，今日の消費者の心につきまとっているものこそ，人格の完成への真の強制」(1968 p.213＝1980 p.188) なのである．

この「人格の完成への真の強制」こそ，現代の青年たちの中に規範化された「自分らしさ」に対する欲求である．ボードリヤールにとって，消費社会における記号的消費は近代化の帰結であった．近代西欧的な合理化が社会の中で人間からも非合理性を取り除き，代わりに人為的に生産した「個性」の記号を消費させるという構造が，若者たちに「人格の完成への真の強制」を内面化させつつ，彼らを「自分らしさ」という記号の消費に駆り立てている．

さらに，この構造は，葛藤をもたらす異質性を排除するという点で，「やさしさ」を介したミクロな関係性の中にも浸透してしまっている．こうして，現代の青年たちは，仲間集団というミクロ社会とそれを取り巻くマクロ社会が二重の相似形をなす中に置かれている．特に「ひきこもり」の青年たちは，この異質性を排除する社会の中で孤立しながら，その二重構造の中にも取り込まれているのである．相似形をなす二つの社会構造は，互いに手を組んで巧妙に人びとから異質性を除去し，記号的な差異に置き換える共犯関係にある．こうして，他者性を失うことが「自分らしさ」という個性をもった主体を失わせ，現代人は他者も主体も見つけ出せない環境の中に取り残されていることになる．

5　おわりに

しかし，現代の青年に展望がないわけではない．この二重構造の中に置かれながらも，その中で孤立せざるを得ない「ひきこもり」の事例から，その道筋を見い出すことができる．

一度は社会関係から身を退いてひきこもった青年たちは，その後，他者と経験を共有することを求め始める．そうして同じような経験をもった人びとと経験を共有することで，まず同じ悩みをもつ人間が他にもいることを知る．そして，さまざまな人びとの経験を聞き，また語ることによって，同じ「ひきこもり」という現象の中にも多様な経験があり，また思いがあることを知る．支援グループに参加するある青年はこう語る．「ここに来て人の話を聞いてみて，〈人それぞれなんだな〉と実感しました．違う悩みがいろいろあるんだな，と……．あと，人に話を聞いてもらえることで，〈あ，信用されたんだ〉とも思えました」（塩倉，2002　p.68）．

「自分らしさ」を求めながらも異質性を排除する他者関係の中にあった人びとは，集団としての他者に対して個人である自己を特殊であるように感じることによって孤立するが，同じ経験を共有する他者とふれあうことによって，再び「同じ経験を持つ者」という同質性の中にとけ込む．ここで彼らは，「同じ経験」が必ずしも「同じ考え」を意味することはなく，「同じ経験」に括られる中にはさまざまな葛藤や経験が含まれていることを実感する．つまり，同質性に包摂されない異質性に出会い，しかもそれを認めることによって，他者と異なる自己のありようが可能であることを学ぶのである．

では，「やさしい関係」の中に埋没したままの青年は，一度そこから排除される経験をしなければ展望がみえないのかといえば，そうではない．ボードリヤールは，「多様な分岐の総体」となってしまった個人には，もはや自己が分裂しているという葛藤すら存在しないと述べている．「悲壮な夢」といわれるほどに自己同一性を求める人間は，それが獲得できない状況の中で，理想と現実の自己との分裂，すなわち「こうありたい自分」と「場の要請に応じて演じている自分」の間で自己が分裂しているかのような感覚を覚えることになるのではないだろうか．自分が「分裂している」と感じるからこそ，一層切実に「自分らしさ」を求めるのである．

したがって，「自分らしさ」を獲得するためには，他者の異質性を認めることができる関係を形成することが何よりも肝要である．そのためには，まず「やさしさ」を介した関係性を抜け出すことが要求される．「やさしい」関係は，「自分らしさ」を本質的なものとみなす傾向と緊密に結びついており，他者との関係の中で，自己や他者の〈本質〉を傷つけてしまうことへの恐れを助長する．しかし，本論の冒頭で示唆したとおり，「自分らしさ」は理想のイメージと現実の乖離の中で求められてきた．先述のとおり，ボードリヤールは近代社会が他者性を排除し，合理性と置き換えたと述べた．青年たちが求める理想的な「自分らしさ」が理性的でスマートな自己イメージだとするならば，それもまた，他者性を失った人間の姿にほかならない．容易には理想に届かず，理性によって制御するのも困難な感情的な揺らぎや葛藤をも包括した，「今ある」自己こそが，その人を「個人」として独立させる「他者性」の手がかりではないだろうか．もちろん，ここで必要とされるのは単なる現状肯定ではない．むしろ，社会や属する集団との葛藤の中で，互いに他者を受け入れ承認するような関係性を取り結ぶ努力が大事なのである．

いきなり他者の中心に切り込むようなコミュニケーションは必要ない．他者との間に関係性を結ぶ時，互いに距離感を探りながらそれを形成していくのは，ごく自然なことである．「ひきこもり」の状態であった人びとが，〈人それぞれ〉であることを知ることから，社会に復帰し始めたことを既述した．現代の青年に足りないのは，〈人それぞれ〉であることに対する理解である．彼らは，「自分らしさ」を求めている反面，それぞれ異なる背景をもった個人同士が〈完全に〉理解し合ったり，同じ思いを抱くことができないということに対する認識が足りない．傷つけ，傷つくことを恐れず，個人間の対立や相互不信すらも受け入れられる関係性を結ぶ努力が求められている．

・注

1） 藤村はジンメルの「ふたりの孤独」概念を応用し，「みんなぼっち」概念を提起している．

2） NHKスペシャル「少年犯罪」（2003年10月）が番組制作のために2ヶ月間設けたホームページに寄せられた意見の一部．番組スタッフが呈示した「青少年の暴力観と非行に関する研究調査」（総務庁青少年対策本部，1999）のうち，「いじめられている人をかばうと，自分もやられるかもしれないから，知らんぷりをするのは仕方がないと思うか」という問いに対する回答結果に対する反応の一つ．

3） 「コミュニケーションを円滑にするのに必要なもの」として「同じ趣味を持つ（44%）」「べったりしすぎない（36.7%）」「相手のことを否定しない（21.1%）」という項目が目立つ．「まめに会う（54.2%）」に対してのこれらの回答は，共通の話題を接点として頻繁に連絡を取り合いながらも，しつこくしすぎたり，相手を否定したりしないように気をつけることが重要視されていることを示している（博報堂1994b）．

4） 内閣府「第7回世界青年意識調査」で，「どんなときに充実感を感じるか」という問いに対し，日本は「友人や仲間といるとき」という回答が72.5%で最も多かった．

・引用文献・

Baudrillard, J. 1968, *Le systeme des Objets*, Gallimard（宇波彰訳 1980『物の体系』法政大学出版局）

——, 1970, *La société de consommation*, Denoël（今村仁司・塚原史訳 1995『消費社会の神話と構造』紀伊國屋書店）

——, 1990, *La transparence du Mal*, Galilée（塚原史訳 1991『透きとおった悪』紀伊國屋書店）

——, 1995, *Le Crime Parfait*, Galilée（塚原史訳 1998『完全犯罪』紀伊國屋書店）

——, 1999, *L' Echange Impossible*, Galilée（塚原史訳 2002『不可能な交換』紀伊國屋書店）
Baudrillard, J. et Guillaume, M. 1994, *Figures de l'altérité*, Déscartes et Cie.（塚原史・石田和男訳 1995『世紀末の他者たち』紀伊國屋書店）
Girard, R. 1982, *Le Bouc Emissaire*, Grasset & Fasquelle（織田年和・富永茂樹訳 1985『身代わりの山羊』法政大学出版局）
Goffman, E. 1963, *Stigma : Notes on the management of spoiled identity*, Simon & Schuster Inc.（石黒毅訳 1970『スティグマの社会学：烙印を押されたアイデンティティ』せりか書房）
赤坂憲雄 1995『排除の現象学』ちくま学芸文庫
バーガー, P. L. & ルックマン, T.,（山口節郎訳 1977『日常世界の構成：アイデンティティと社会の弁証法』新曜社）
土井隆義 2003『〈非行少年〉の消滅』信山社出版
—— 2004『「個性」を煽られる子どもたち』岩波ブックレット
エリクソン,E.H.（岩瀬庸理訳 1973『アイデンティティ』金沢文庫）
藤井誠二・NHK「少年犯罪」プロジェクト編 2004『こころのブレーキがきかない』NHK 出版
藤村正之・富田英典編 1999『みんなぼっちの世界』恒星社厚生閣
博報堂生活総合研究所 1994a『調査年報1994　若者：まさつ回避世代』博報堂
—— 1994b『調査年報1994　若者：まさつ回避世代　〈資料編〉』博報堂
厚生労働省 2003「10代・20代を中心とした『ひきこもり』をめぐる地域精神保健活動のガイドライン」
栗原彬 1981『やさしさのゆくえ＝現代青少年論』筑摩書房
松原治郎 1974『日本青年の意識構造：「不安」と「不満」のメカニズム』弘文堂
ミード, G. H.（船津衛・徳川直人訳 1991『社会的自我』恒星社厚生閣）
内閣府 2004『第 7 回 世界青年意識調査』
大平健 1990『豊かさの精神病理』岩波新書
—— 1995『やさしさの精神病理』岩波新書
リースマン, D.（加藤秀俊訳 1964『孤独な群衆』みすず書房）
齋藤環 1998『社会的ひきこもり——終わらない思春期』PHP 研究所
—— 2001『若者のすべて：ひきこもり系対じぶん探し系』PHP 研究所
塩倉裕 2002『引きこもる若者たち』朝日新聞社
—— 2003『引きこもり』朝日新聞社

第5章
自分探しという物語—臨床の現場から

1　はじめに

「私は何をしているのだろう」と，つぶやくような言葉を臨床場面で耳にすることがある．日常生活の陥穽の中で，自分自身や他者，そして世界を問い，その中に自分を位置づけようとする試みである．この問いを問う中でさまざまな症状を呈することがある．そして，その症状の中でもがきながら〈私は何者なのか〉を問うていくのである．

たくさん食べては吐くということを繰り返す摂食障害といわれる人たちや，手首から腕までを自らで切りつけることを繰り返すリストカット症候群とよばれる人たちがいる．多くは思春期・青年期に属する若い年齢の女性たちである．ただ，昨今はもっと低年齢児にもみられるし，成人期以降にみられることもまれではなくなってきている．また，男性にあってもそう珍しいことではなくなってきている．そして，「また，やってしまった」「何でこんなことをしているのだろう」「私って何だろう」と話し，〈私〉についてあれこれ考えながら語っていくことが治療となっていく．

人は，絶えず，この問いを問いかけながら生きていくのではないだろうかと考える．しかし，人の一生の発達過程のその時々で，このようなさまざまな問いかけがなされても，その先に進める形は変化し，異なるようにみえる．先に進むにあたって，それまでの来し方を辿るとき，〈私とは？〉という問いが生じてくるのであろう．

たとえば，乳幼児期には，目には見えていない自身の一部を身体として感じることで，〈これが私〉という感覚が育ってくる．リストカットや摂食障害も身体を介する症状である．つまり，〈私〉とは私のこの身体でもあり，生命は，この私がこの世に生じたというところから死へと向かっていく過程でもある．同時に，〈私〉とは何者かという問いは，〈私〉をとりまく他者とは何なのか，〈私〉は他者とどう関わるのかと問いかけていくことでみえてくるものでもあろう．

自分探し系の病といわれる摂食障害やリストカット症候群の人びとの問いかけも，まさに身体を介在させてこの問いを問うているのだといえる．ただし，この人びとは最初から〈私〉を問いかけているわけではなく，この問いに気づいて問いかける中で何かを越え，変わっていくのである．「私は何をしているのだろう」とふと思ったことをきっかけに，自分探しを始めるのである．語る場と聴く相手が与えられることによって，日々繰り返す食べ吐きやリストカットのはざまで〈私〉を語り始め，自分を探っていくこととなっていく．

症例をあげて，別の異なる面からも考えてみよう．

2　症例　―A子とB子―

次の症例の2人は特定の人物ではないが，自分のこと，身近な人のことのように思う方が多数であろうと考える．そのことの中に，個人的な問題としてではなく，社会的な問題として考えていくべき根拠があると考える．

A子　20歳　大学生

「じゃーまた，あしたねー」と笑顔で手を振って友達と別れた後，急いでコンビニにかけこんだ．早くしないと消化して，さっきまで食べていた物が吸収されて体に回ってしまう．ペットボトルの水を3本買うと，近くの公衆トイレに入る．1本を飲み干し，右手を口につっこむ．ふーっと気がぬけた．口からいつものように，さっきまで食べていた物がスルスルと出てくる．また1本を飲み，また吐く．出てこなくなると，また1本を飲んで，手の甲まで口の奥深くへ突っ込む．一段落つくと少し安心感が生まれる．そして，またコンビニに戻る．明日の朝，家族が出払ったあとに，食べ，そして，吐くためのものを買い込むのである．かごには，パン，ポテトチップス，そして，コーラが欠かせない．ジャムパンやアンパンという甘くて柔らかいものが吐きやすい．コーラは，吐く時に発泡性があって吐きやすいし，甘いので吐いても口の中が苦くならない．吐くと食べた順の逆に出てくるので，吐きやすいように，なるべくいやな味が残らないように，食べる順序も考えながらかごに入れていく．

B子　30歳　専業主婦

結婚して3ヶ月が経つ．毎朝5時には起き，夫のためにきちんとだしをとって味噌汁を作り，弁当を作る．夫が出かけると慌しく洗濯と掃除にとりかかる．チリひとつ落ちているのも許せない．フローリングの床のワックスがけも毎日手がけでする．昼食は家計を考えて，うどんだけか残りご飯のお茶漬けですませている．洗濯をとりこむと，アイロンがけもしなければならない．毎日の買い物も買いすぎないように，メモをして，それだけを買ってくる.「食べたいなー，アイスクリーム一つくらい，いいかなー」と頭を横切るが，ダメダメと手を出さないようにしてきた．しかし，棚の前で逡巡することが増えてきていた．その思いを振り払って帰宅したある日，「疲れたなー」と，ダイニングのイスに腰掛けて，しばらく動けなくなった．そして，電話に手が伸び，宅配ピザ屋に注文していた．届くのを待ちかねて，Lサイズのピザ2枚を息もつかずに貪り食った．久しぶりの満足感のあとで，不安が襲い，トイレにかけこんで吐いた．安堵感と脱力感．そして，この3ヶ月間のモヤモヤが消えていた．翌日は，ためらうことなくアイスクリームやプリンを買い，食べて吐いた．

その後は，かつての日々と同様に，吐きやすい物を選んでは，大量に食べて吐くことが続くようになった．家事は多少手をかけられなくなっても気づく夫ではない．しかし，極力気づかれないように気を配り，夕食は笑顔で楽しく夫の愚痴を聞きながらすごす．そして，夫が寝入ると，昼間と同様に，冷蔵庫の中を食べ尽くしては吐くことを繰り返してしまうようになってしまった.「こんなことをしていてはいけない．うまくいくはずだったのに，どうしてこんなことになってしまったのだろうか」と思い，極力買物に出ないようにする一方で，夫のためにはと大量の食事を作ってしまったりもする．

かつて，やせてきれいにならなければと願って，食べるということをほとんどしなくなっていた.「きれいになったね」と周りから言われるようになり，その中で知り合って求婚された夫であった．努力が認められたようでうれしく，結婚後も夫のためだけに食事を作り，家事にいそしんできたと言う.「太ってしまったら夫に嫌われる．こんな姿を知られたら，生きてはいけない」とまで言う．

3　〈孤〉の感覚

A子にしろB子にしろ，この孤独の中で繰り返す営みはどこからくるのであろうか．このような症状は何かの訴えの表現である．症状を使って他者を操作しようとしているのだという見方がある．が，それは距離をおいて観察するとそうであるということである．

かつて摂食障害は思春期やせ症といわれ，思春期頃の若い女性に発症するものとみられていた．やせ願望が強く拒食で，女性性の拒否が原因とされていた．しかし，最近は過食・嘔吐する例が増加しているといわれている．また，発症時期もあらゆる年齢層に拡がっている．ライフサイクルの変化に応じて長く見守っていくことが必要になってきている．DSM-Ⅲ-R[1]（1987）までは，「通常，幼児期小児期または青年期に初めて診断される障害」の一つとして摂食障害の診断カテゴリーが登場し，そこに「神経性無食欲症」「神経性大食症」「異食症」「幼児期の反すう性障害」と「特定不能の摂食障害」が併記されていた（高橋訳，1988　p.31，pp.64〜68）．しかし，摂食障害と診断される者は増加し続け，その主な病態は無食欲症と大食欲症となった．そこでDSM-Ⅳ[2]（1994）では，他の精神障害と同列の大分類に格上げされることとなった（高橋他訳，1995　pp.205〜207）．

摂食障害は女性に多いということから，女性性という問題，女性が社会の中での規範の矛盾を背負わされているなどと説かれるが，実際には，生物学的成因，心理学的成因，文化・社会学的成因が複雑に絡み合ってのものであろうと考えられている．こうしたことを踏まえ，加藤まどかは次のように指摘している．

摂食障害というものの背後には，女性が社会の中での規範の矛盾に引き裂かれているということがある．第1には，「主体的であれ」と「主体的であってはならない」との間の主体性に関わる規範，「女性は男性と同じ価値基準で評価される」と「女性は男性とは異なる価値基準で評価される」との間の女性性に関わる規範，「人間は精神として評価される」と「人間は身体として評価される」との間の身体性に関わる規範の矛盾である．第2には，主体性，女性性，身体性について矛盾する規範が女性に対して作用する社会構造があるとする．近代市民社会を成立させている根底的な社会構造が，第1の矛盾する規範を女性に作用させる．現代社会は，近代家族の領域を切り崩していくことで，これらの規範の矛盾を顕在化させるのである．第3に，摂食障害の経験者が，主体性，女性性，身体性に関わる規範の矛盾を〈主体化〉させられるというメカニズムがあるとする．「主体的であれ」という要請には二重の意味が込められており，建前としては「自分が従う価値基準を自ら決定する自由な主体」であることが要請される．そのために，あたかも自ら望んでその事態に立ち至ってしまったかのように，矛盾する規範の磁場の中で引き裂かれた状況におかれたことを，自分の責任として引き受けさせられる．このようにして，女性たちは規範の矛盾を引き受ける〈主体〉となり，規範の矛盾を〈主体化〉させられる．このような〈主体化〉のメカニズムにより，女性たちは規範の矛盾をもたらす社会構造の中に組み込まれてしまう．それは同時に，これらの規範の矛盾する構造が覆い隠されることでもある（加藤，2004　pp.185～198）．しかし，このような構造の中にあって，摂食障害の只中にある彼女たちの〈孤〉の感覚に注目した論は見当たらない．また，その時点での彼女たちの言葉による〈孤〉の感覚の乏しさは，伝えられていないようである．

A子は，大学を卒業するという事態がやってくると自覚した時，「就職したらこういうことをしている時間がなくなってしまう，どうしたらいいのだろう」という不安が生じて受診することにしたと言う．「人に知られたくない，家族にも知られてはならない」と考えてはいたが，大量に食べても吐いてしまうという行為を続けている限りは，自分をコントロールできていると思ってきた．それは，食べたくて食べるけれども吐いてしまうことによって，体重は増えることがなかったからである．自分の食べたいという欲望を自分の意思で帳消しにできているという密かな自負があり，この自負は誰ひとりにも知られていないという自負でもあった．食べる前よりもマイナスに戻さねばならない．秘密裏にひとり，プラスに転じないようにと不安と怖れの中で吐き続けねばならない日々は，心休まることがなかったと言う．しかし，体重計に乗り，増えていない数値が示されると，180度世界は変わる．

閉塞的な現代社会にあっては，自分の意思でコントロールできるのは自身の身体くらいなのかもしれない．日々の臨床からの印象であるが，運動選手の中でも摂食障害は増加しており，特に体重コントロールを必要とされる種目の選手にとっては成績を左右する要因である．自身の評価に即つながることから，引退後もその自己コントロールが継続されてしまうのであろう．それは，他者との間で何かをするわけではない，まさに〈孤〉としての営みである．無機的な数字である数値のみにこだわり，自身の身体そのものとしての感覚は忘れられていくのである．

A 子も B 子も，両親から小言をいわれたり，何かを指示されたことはなかった．「好きなように，やりたいことをすればいい，生きたいようにすればいいから」と，進学などの際にも任されていた．A 子も B 子も，父親は仕事に忙しく，ほとんど顔を合わせることがない生活であった．しかし，たまの休みには必ずどこかに連れて行ってくれたし，何よりもにこやかであった．誕生日やクリスマスには，「少し無理したけど」と言いつつ，ケーキを買って早く帰宅して家族と過ごした．母親とのいさかいを目にすることもなかった．母親は専業主婦だが，A 子の母は熱心にボランティア活動をしていたし，B 子の母は習い事を若い頃から続けていた．スポーツジムに通って自分を甘やかさない生活をし，かといって，家事に支障は全くなく，家族の健康を考え，常においしくて栄養バランスを考えた食事を準備していた．ただ，A 子も B 子もいつの頃からかその食事をひとりで摂るようになっていった．

4　食卓，食べるということ

「個食」「孤食」という言葉がある．滝川一廣は，不食にしろ過食にしろ〈食事の受け容れ〉がうまくいかなくなっているとして，食卓状況に注目して述べている．

食卓を家族で囲むという風景は，かつて家族成員の皆が家のために働いていた頃は，皆をねぎらう場，息をつく場であり，また，家のために働くという想いを確認する場であった．そして，そこには家長としての父親の権威の確認という意味もあった．また，食卓は成長を確かめ表していく場でもある．食べさせてもらわねば生きていけない乳児期から始まって，きちんと座ること，はしの使い方，食器の扱い方などのしつけがなされる場である．やがて子どもは，保育所・幼稚園での他者との食卓を経験し，就学すればみんなで同じ物を食べるという給食を介して，社会化が進んでいく．その日の出来事を話し合うのも食卓であるし，親は子どもの幼い頃のエピソードを話し，また，自分が子どもと同じ頃の体験を語る．そして，その時自分の親はどうしてくれたかというような語りもあるにちがいない．

子どもの社会化が始まっていくのと並行して，家族だけという濃密な食卓から子どもは自立していく．早くからの塾通いなど，早すぎる離脱もあろうが，家族外での生活の拡大によって食卓を共にしなくなっていくのは，思春期以降の精神的自立に呼応していくものでもある．この家族との食事風景にうまくなじめず，また，スムースに離れていけなくなった人に摂食障害とよばれる人たちが多いというのが，滝川の指摘である（2004　pp.156～174）．

A子の母は，「ボランティアで伺う方たちは，とても喜んでくださるのよ」と話しながら，せっせとたくさんの料理を作り家族にも供した．「Xさんはこれが気に入ってくださったの」「少し太り気味のYさんには，こういうのがいいかもしれないと思って作ってみたの」というような話をしながら，食卓に食事が並べられた．「私もおいしいと思うわ．健康のことをいつも考えてくれているのだから，感謝しなくちゃね．いいものなのだからちゃんと食べなきゃね」と，A子はいつも食事をしながら，「お母さんはすごい」「えらいなあ」と考えていた．しかし，「こんなのおいしくない！」と言う妹が少しうらめしかった．

塾に通い始めたことで，母があれこれ話す食卓からは逃れられたものの，帰宅すると，「疲れているのだから」「体は大事，元気でいないと」という言葉と共に，食卓にはたくさんの食事が用意されたまま，A子を待っていた．うんざりするようになっていたものの，「お父さんのはとってあるから，全部食べてね」という声かけで，平らげるのに懸命であった．一人，黙々と食べ終えて自室に戻ると，吐き気が襲ってきた．「どうしよう……みんなまだ起きてるし……勉強しないといけないのに……」．とっさにコンビニの袋の中に吐いて，勉強机の引出しに隠した．

食卓を共にすることがないと，家族であっても一定の時間を向き合ってすごすことがなくなるという状況がある.「今日は要らないから」ということがしばらく続いていたと親が思い当たったのは，学校で貧血をおこして倒れたからだったという女子中学生がいた．そして，「いつの間に，こんなに！」と思うほどにやせてしまっていた．食事とは，生命を永らえるために否が応でも他の生命を必要とするということである．そして，それを可能にするための労働が人間の世界にはある．食うか食われるかという壮絶な営みや，他者との関わりを意識にのぼらせることなく，楽しいものとして情緒的に味わう機能が食事場面には求められる．「食す」ということだけが際立った時，食べるということの本質，生命ということ，他者との関係性にまで意識は向かい，食べるということの受け入れがたさが生じてくると考えられる．

5　フリーズ

人間とは合理的・理性的な存在であるという近代的な人間観がある．その中では，人間は自由で，自己決定に従って生きていく．近代になり，家族は地縁や血縁的な共同体から分かたれていく．そして，生産・労働の場からも分かたれ，閉じられた私的な場として，養育の場として，おのおの独自の生活を構成するようになる．労働の場と家族が分かたれていくに従って，それは性別という男性役割と女性役割に振り分けられていく．家族は共同体から分かたれ，閉ざされた核家族として私的な情緒的な集団となっていったのである．こうして，社会のふところが浅くなったといわれる状況にはまりこんでいくのである．

このようにして，各家族のそれなりの独自性，独立性，個別性が大事にされていく中で，家族はその周りとのつながりを失っていく．そして，共同体的な規範をも失うこととなり，その家族成員だけが身を寄せ合うしかないようなある種濃密な家庭の中で，その成員おのおのが〈孤〉となることで，互いを侵襲せずに傷つけないことが互いを大切に扱うこととされていった．家族の中ですらプライバシーを過度に守る傾向の表れとして，個室というものがある．その独立性を尊重されて，家族成員個々に個室が与えられる．親子が家の中でケータイで話すことがまれではなくなってきている．親子間や兄弟間での対立を避けるばかりか，人との関わりを学ぶ機能が失われてきている．対立はそれと認識して対処していくものであり，対立という緊張を抱えることができずに回避していては，人と人とが向き合う関わりが学べない．

家族の中でも家長という父親の権威はなくなり，何を規範として生きていけばよいのかが定かでなくなる．ただ侵襲しないことが互いを大切にすることとなり，自由に，あなたらしく生きていけばよいということとなる．たとえば，両親という存在があっても，自身の由来を辿ることのできない，〈孤〉のままに在るしかない若者が今日どれほどいることであろうか．その一方で，個人に何らかの不都合が生じた時には，母子関係の問題，家族の問題として取り上げられることがある．原因探しをして，何かのせいにして，攻撃をして終わってしまうのである．

A子は，自室の汚物の臭いにどうして母は気づかなかったのだろうかと思い当たり，気づきながら母自身が傷つくことを避けたのではないだろうかと考えるようになった．やがて，A子を傷つけないよう，大切に思うからこそ，問えなかったんだと考えは変わっていった．しかし，摂食障害は母子関係の歪みからくるという言葉をインターネットで発見した後は，母にどうしたらそのことを知らしめることができるかとばかり考えたと言う．やがて，リストカットという行為が頭から離れず，切ったらわかってくれるだろうと，食べて，吐いて，疲れるとリストカットをすることが習いとなっていった．しかし，それは母への攻撃と自分への自罰・自責というものだけではなかったようである．その時の気持ちの過程を振り返って味わうことができるようになると，リストカットは感情をフリーズさせる方法・手段だったんだと語るようになった．〈孤〉として閉じるしかなかったというのである．攻撃だけに限らず，母に向かって出てしまいそうになる生の感情をどうすればいいのかわからなかった．親子とはいえ，ある一定の距離をとることが，互いを尊重し，大切にすることだと思っていた自身の中に，新たに発見した気持ちの動きへの驚きをコントロールするには，他に方法が思いつかなかったと言う．

自立して自己決定していくためには，自分をコントロールしなければならない．摂食障害は，自分をコントロールしようとして，しすぎたことの表れでもある．しかも，コントロールしようとする時，身体像という見える自分や見られる自分を意識しながらも，自身の身体感覚は失われている．ある女性は自分の身体感覚に従うことを試みた．自身の身体の声を聴くことに意識を集中させ，本当にお腹が空いているかどうかを確かめ，その度合いをまた見計らって食べ物を選び，それに見合うだけ食べるという方向にコントロールすることで，過食し嘔吐することから脱していった．一方，A子は，他者や世界とのつながり，そして自分の身体までとのつながりを失い，やがてその自分と格闘している〈孤〉でしかない自分に気づき，絶望することとなる．その後は，そういう〈孤〉でしかない自分，誰ともつながっていない絶望感に気づきそうになると，切ってしまうこととなる．解離の中でのリストカットである．

〈生命〉ということを考えていくと，生と死という問題に行き当たってしまう．生きていくためには今ここから先を見据えねばならない．そのために，そのもう一つ先の〈死〉のイメージも必要になってくる．死の側から生を眺めることが必要だからである．生と死のどちらかをみようとすると，その双方が立ちあらわれてくる．生と死の間を行ったり来たりしながら，その境に立ちはだかって双方を見据えつつ考えていくこととなる．誰のものでもない自身の生命であり，その過程である．〈孤〉でしかない自身に向き合う作業でもある．その作業を解離は一気に，超えさせてくれるものであるのかもしれない．

6　解離ということ

B子はハッと我に返って，2枚の大きなピザを平らげていたことに気づく．その後，買った憶えのない大量の食料が冷蔵庫の中に納まっていることがあるようになってきた．そして，やがて，食料だけでなく高価な洋服や靴やバッグなども目にするようになってきた．気づくとたくさんの料理ができていることもある．

摂食障害の人びとの中には，拒食という訴えで受診しても，この解離状態の中で大食してしまう人びとがいる．また，解離状態の中で，食料を万引きしたり，大食するための食料を買うお金を手にいれるために援助交際で稼ぎ始める場合もある．夜が更けると飲食店のゴミ箱をあさっていた例もある．

解離症状の定義は，DSM-IVでは，「通常はよく統合されている意識，記憶，同一性，または環境の知覚の機能の破綻」とされている（高橋他訳，1995 p. 187）．解離症状は，疾病診断によって「解離性障害」に分類される精神障害のみならず，「解離性障害」に分類されない精神疾患や健康人にもみられる症状でもある．そのすべてが病的なのではなく，健康人にみられるのはストレスやトラウマから心を防護してくれる機能である．それは現実的な困難から逃避したり，破局的な体験を切り離してくれたり，葛藤に至らないようにしてくれる．また，ライブでの熱狂状態，催眠や宗教でのトランス状態，白昼夢もそれに含まれる．

A子のリストカットは葛藤に至ることを回避させる解離であり，感情を一時フリーズさせてしまうものである．解離症状を起こしてしまう人は，その後どういうことが起こるのかを見通すことが困難である．当然，自分の立場や周りの人に気を配るなどの関係性を考えることもできないでいる．本来，人は葛藤を抱え，それを乗り越えていくことで，生き延び，変化・成長していくものである．しばし葛藤を回避させ，破局的な局面に直面しないようにしてくれるリストカットではあるが，逆に先へ進めないように作用しているものでもある．

7　解離の背景にあること

解離していて憶えていない記憶の障害に対して，「解離です」「別人格がしたことです」と，自ら解離性同一性障害であると訴える若者が増えているように思われる．そこには解離のしやすさという背景があり，その症状を身につけやすい情報化社会がある．また，たやすく病気ということにしてしまう状況もある．また，「わたしは」「ぼくは」と自分のことをいわず，「C子はね」「D男はさあ」と，名で自身のことを表す若者が多くなっている．他者から見た，見られている〈わたし〉に自分自身がたやすくシフトしてしまう．他者の中，すなわち社会の中の〈わたし〉であって，私そのもの，私自身ではないのである．こうして，解離性同一性障害における別人格には姓がなく，役割分担をしている別人格には主人格の性別に関わりなく男女の名が次つぎとつけられる．

一般的に人びとの呼称は役割に即して他者から呼ばれ，自らもそう名のることで，家族内役割や社会的役割になじんでいくのである．また，姓で呼び合うことは，子ども時代に別れを告げ，家族から社会への仲間入りを意識させられることである．個人の尊重や個別性の重視が第一義的という建前の社会の中では，互いに親であり子であることも役割として斥けられていき，名が大きな意味をもつようになる．それは家を表す姓ではなく，個人の名をあらわすものであり，世代を遡って，代々の文化ともつながっていかない，〈孤〉でしかないものである．名づけるとは深くて重い行為であるはずであるが，別のもの，別のことにするだけの行為として，個別性を表すために名のる，名づけることとして，いともたやすくなされてしまうという背景が現代にはある．

インターネットを中心とする情報化社会の中では，さまざまな情報がとびかう．食べ過ぎても吐けばいいというのは，テレビで見たと，多くのクライエントは語る．一つのダイエット方法としてタレントが推奨していたという報告もあった．ある女子高のトイレには洗面台では吐かないようにという張り紙があると聞かされたこともある．解離という症状をインターネットで知ったというある女性は，そういえば，食事をしている自分もいるし，お風呂に入っている時の自分も何か違う感じがするからと，日常の行為の一つひとつに異なる名をつけて呼んでいた．摂食障害は母子関係に起因するという情報を得て，母親を攻撃してやまない人もいる．薬の情報も多く，何々という薬をどれだけくださいと申し出る人．食べ過ぎるのは困るけれど，何々という薬は太るので別の物にしてくださいという人．自分に都合よく薬を処方してもらうにはどういう症状があると話せばいいのか，という情報もたくさん流されている．こうした人たちは，そのような情報をすぐに取り入れやすい人たちであるということでもある．他者とつながりたいのにつながれず，同じ病気の人，同じ症状をもつ人というところでつながろうとする．

また，解離の一つである憑依によって登場する別の行為主体への転換は，自ら他者を模倣することによってもたらされる．それは身体によって行われるという（田辺，2004　p.227）．流されてしまう，人に合わせてしまう，すぐに人に迎合してしまうといいつつ，葛藤に至る前にそうなってしまうとしかいえない人たちである．オモテとウラの双方があることの意識がないまま演じられていて，ふりをしているわけではない．人と深く関わってやっかいなことになるより，解離して適当に関わっている方が楽なのも確かであろう．〈私は〉という意識がないので，本人のことを問うても，親はこう言う，友達にはこう言われるという返答があるだけである．病気という訴えをしても，一面的・表面的・機械的で，マニュアルに沿って語っているとしか思えないような話しぶりである．情報に自身の思いを託して，すでにストーリーはつくられてしまっているかのようである．病気や症状が自身を探る端緒とならず，すでに結論づけられ，同じストーリーを繰り返すだけになってしまう．

こうして，個別性や個性を求めはしても，〈孤〉として在ることには耐えられず，そのウラにある自己責任や自己決定の重さにも耐えかねる時，病気になること，症状を身につけること以外の方策が見当たらないようである．感情をその時々の場面で切り離し，あまり深く感じないようにして，苦しく嫌なことはさっさと忘れてしまう方が生活にも仕事にも支障がないので，むしろ，軽い解離は必要なこととして，生じやすくなっているのが現代社会である．他者を意に介さないとされる〈自己領域化〉と称されている現象も，この解離と紙一重である（芹沢，2002　p.17）．

8　女性にさせられていく

B子は幼少の頃からぽっちゃりとしたかわいらしい女の子であった．小学校に入ると保健室での肥満度チェックが始まり，将来成人病になるおそれがあると指導された．それは当然保護者にも行われる．親としての子どもの健康管理を問われ，将来のことまで考えるべきと親の愛情のいかんをも問われることになる．体型が，幼い頃からの〈健康〉と先のわからない〈将来〉のためにコントロールを強いられていくのである．B 子の母は栄養バランスを考えた食事をそれまでも作ってきていた．その愛情いっぱいの食事を B 子はおいしいと言って平らげることで，母に応えてきた．それを見て，多少の制限は加えても年頃になれば自分で気にするようになるだろうと，母は厳しい注意は与えずにきた．B 子は塾通いを始めて，ひとりで遅くに夕食を摂るようになると，ますます用意されている食事をすべて平らげるようになった．中学・高校・大学と，受験に備えて夜遅くまで勉強するようになると，買ってきたスナック菓子を食べるよりはと，母は夜食も用意してくれるようになり，B 子のダイエットは開始されないまま，大学生になる．希望どおりの大学に入学して，ひとり暮らしを始めた B 子は，母が作っていたのと同じようにきちんきちんと食事も作ろうと試みた．しかし，友人ができ，外で一緒に食事をするようになって，周りの人たちの食事量に驚いてしまった．誰も B 子のようにあれもこれもと揃えて食べないのである．そういえばみんな細いなあと思ったのが始まりであった．ファッションの話や彼氏との話を聞かされるにつれ，B 子はやせようと決意する．

やせればきれいになれる．きれいになれたなら，今までとは違う世界が待っているように思えた．「わたしでも素敵な男性に巡り合って，結婚して幸せになれる」と B 子は思い込んでしまった．「どうしてこんな簡単なことに気がつかなかったのだろう」．それ以来，B 子は壮絶な日々を過ごした．ただ我慢して過ごせば，確かな数値として体重が減っていくことが面白かった．そして，男性から交際を申し込まれるようになった．付き合ってもみたが，そんなに心ときめくことはなかった．B 子は成績もよかったし，なんとなく受けた会社で仕事をすることに決めた．「彼とにかく結婚したいの」という友人の話にはいいなあと思うけれど，そこまでの気持ちにはなれなかった．与えられた仕事をテキパキとこなしている自分の方が性にあっているようだった．大学で勉強したことも生かされているし，何より生き生きしている気がして日々を暮らしていた．

ところが，ある日，若い男性社員数人が集まって，「B 子は仕事はできるけれど，女としての魅力には欠けるよなあ．この先，幸せにはなれないんじゃないか？」と話しているのを聞いてしまう．大きな仕事を任されたことでの陰口，やっかみだと考えようとした．しかし，大きな仕事でのストレスがたまってきているのも事実であった．「女としての魅力って何だろう」という考えが折にふれてちらつくようになっていった．大学生時代，周りの友達のようにやせてきれいになろうと努力して，思いどおりになっていたはずの B 子であったが，仕事をこなしていく中で再び，しっかりと食事をとるようになり，体重も元に戻っていた．仕事上動き回ることが多いので，いつもパンツスタイルで，手のかからないショートカットにしている．ブランド品を好んで身につけることもなく，休日は疲れて寝て過ごしていた．周りを見渡してみると，同年齢の女性たちからも浮いた存在になっていることに気づいた．そういえば，男性たちからだけでなく，女性たちからもお茶や食事に誘われることもない自分がいた．「どうすればいいのかな……あと 1 年で30歳になるんだ……」と，気分は沈みがちになっていった．生き生きとした自分が感じられなくなっていく．そういう自分を周りの人たちが遠巻きにして，何か噂しながら見ているような気がする．でも，仕事はこなさなくてはならない．休むことのできないまま，ある日，鏡の中に疲れ果てた自分の顔を見つめていて発見した．それはスッキリと細くなった顔であった．そういえば，このところパンツのウエストがゆるくなっていると気づき，学生時代のスカートをはいてみた．ちゃんとはける．翌日，浮き浮きした気分で久しぶりにスカートをはいて出社したB子に，「やっぱりやせたんだ．ひそかに頑張ってたんですね」「スカートの方がかわいくて似合うよ」と声がかかった．化粧も念入りにし，髪や服装も流行に沿ったものを選ぶようになると，親は「やっと，お年頃になったわね．まだいい人はみつからないの？」「早く素敵な人をみつけて幸せになってちょうだいね」などと，ことあるごとに言うようになった．いつまでも親の自慢のよくできる娘のつもりでいたB子にはとまどいであった．外見に気を使うようになっている自分に常にどこか違和感を感じているのに，親はそのことに気づかないばかりか喜んでいる．「親の下にいてはいけなかったんだ」「新しい居場所を探さなければいけないんだ」と，ひとりで放り出されたような不安を抱えることとなっていった．

香山リカは，精神分析医南美奈子の文章を紹介しながら次のように述べている．

「お母さんにとって私だけが大切な赤ちゃん」という自己愛が傷つけられた女の子のこころの中には，「母親が憎い」という気持ちが生まれる．「母親が憎い．でも失いたくない」という女の子に特有な母親への両価的な感情は，「物を食べること」に関する矛盾とも密接に関係しているのではないだろうか．たとえば，母親が作ってくれる食事をたくさん食べることは，その愛情を一身に受けることのように思えてうれしいけれど，食べて育ちすぎるともう赤ちゃんとして可愛がられなくなるという矛盾の中で発生するのが，拒食症や過食症ではないだろうか．そして，自分をもはや赤ちゃんとして愛してくれない母親を憎みながらも離れることができないまま大人になった女性は，今度は自分が母親になって一体感の幻想を取り戻そうとする．出産というのは女性にとっては最も輝かしい行為のように言われているが，それはあくまで「赤ちゃんになれないから赤ちゃんを産む」というセカンドチョイスということになる（香山，2003　pp.122～133)．「妊娠中だけが満ち足りていて，気持ちの余裕もあり，それまでのあの不安定さは何だったんだろうと思う」と語る女性の言葉にそれはよく表されている.

人に合わせて，誰とでも適当にやっていく術を身につけてしまっているからこそ，よけいに自分だけのオリジナルな親密な関係や対象を求めてしまうのであろう．また，自分が自身の身体をコントロールしてきたように，対象をもコントロールしたい欲求が向かうものとしての夫であり子どもでもある.

勉強のよくできる優等生であっても，エリートとして仕事をこなしてはいても，女性は突然女であることを意識させられる．仕事は代わりの人間でも可能にしてくれるが，代わりのきかない，このかけがえのない自分には自分だけの特別な出会いや対象が必要である．それはありのままの自分を受け入れてくれる人である．誰にでも合わせるように生きてきた人は，まず周りを見渡して，その中からそのような親密な対象を探そうとせず，まだ見ぬ人にその思いを託そうとする．そして，理想とするのは，いわゆる条件のいい人ではなく，精神的な満足を与えてくれる人でありがちである．精神的な満足だけは，エリートとしてあらゆることを経験してきてはいても，手にすることが難しいことであったからである.

今日，女性の生き方は運命や宿命ではなくなり，教育や職業選択に際しても女であることを意識させられることがほとんどなくなって，まさに自由な生き方を選べる社会になってきている．だからこそ，女性としてという前にひとりの人として，どう生きていくのかを考えなくてはならなくなったのである．しかし，女であることを突きつけられる時がやってくる．自身の身体にもコントロールがきかなくなってくるのである．他者との間で，社会や世界の中で，女であるということはどういうことなのか，女としての自分はどうするのかという課題にも向き合い，それなりの答えを見つけ出すように迫られる時を迎えねばならないのである.

9　病気のせい?

「仕事うまくいかない」「皆嫌い」「何のために生きてるのかわからない」「これはなんか病気でしょう．だっておかしい，こんなんがふつうなんて許せない」とある女性は訴える．問題が個人化・個別化して自己責任に帰されると，その個人の中でも症状や病気として個別化（孤立化）してしまうことになる．異物として認識され，取り除けば元の普通の自分になれる．それをしてくれるのが治療者であるとされて医療化されていく現象が，健康志向と表裏の関係でみられるようである．「むなしい，さみしい，こういうダメな自分が普通なのはいやだから，何か病気なのだと思う」と語る．自ら「トラウマがあるんです」と語り始める人も多くなっているようである．また，プチうつや心の風邪とよばれ，傷つきやすさ，やさしさ，繊細さの証しとして心の病を語る人もいる．その一方で，脳の機能にまで及ぶストレスなので，薬が必要であり病気なんだと言葉を続ける．

そのような人びとは，自分は被害者（病気）であり，だから悪は自分の内にあるのではなく外にあるのであって，自分に責任はないと他罰的であり，もっぱら治療者が治してくれるのが当たり前であると依存的である．どこか確かさを失っている自分自身に不安なのであろう．被害者という側に立って，理解と救いを求めているかのようである．

アダルトチルドレンというのが話題になったことがあった．現在導入されている診断法という医療事情が背景にあるだろう．行為障害やPTSD，何々人格障害といった新しい概念が同じように応えてくれる．現在用いられている主な診断法は，ICD10[3]もしくはDSM-IVという診断基準に基づいている．そこでは人びとは表面的・一面的にマニュアルに従って診断されがちである．それは立体的な診断ではなく平面的な分類である．身体をも含み込んだ人間の全体像に関わる視点に欠け，人間本態を探る方向には向かわない．心の時代といわれながら，逆の方向に向かっているようである．本来，診断とか診たてるということは，目の前のこのクライエントに治療者はこれからどう関わっていこうとするのか，どう関わっていけると考えるのかということを含むものである．治療者の声かけへの反応や表情，しぐさ，姿勢の保ち方，話しぶりなどさまざまな面から診るものである．しかもそれは，クライエントと治療者との関係性の中で絶えずなされ，変更されてもいくことである．クライエントが自身を辿り語っていくのに治療者自身のこれまでの経験や積み重ねが加味され，治療者の辿りともなるものである．よって，治療の終結時にやっと診断の確定がなされるということも生じると考える．

クライエントに情報が行き届くために，わかりやすいマニュアル化されたものが重視されていくのはやむをえないが，孤立化している人ならばこそ，その情報を自分対社会のような大きな確かなものとして受け取ってしまいがちである．そして，〈私〉を大事にするよりは，「他者，社会，みんな」という側に適合してしまおうとする．何が大事なのか，どういうことなのかと，意味を問うていくという大切なことがなされず，当てはめ，分類し，区分けされることで安心を得ていく．「自分探しをしたいんです」と言いつつ，「何々障害ですね」と答えてもらって安心していくのである．そして，病気であることによってやっと確かさを得ることになるのである．ここには，病気としてであれ，名づけられるとそうなってしまうという存在の不確かや危うさがみてとれよう．

滝川は，「社会のふところが浅く」なって，子どもの問題が理解しがたい問題性として捉えられやすくなり，たやすく精神医学などの専門性へその理解や対処をゆだねる傾向が強まったのではないかと述べている（滝川，2003 pp. 41～42）．かつては「社会の枠」があって，問題行動に対して地域の長が出てきたり，親族一同が集まるなりして対処してきた．勘当というハードな手立てが有効性をもち得たのは，それが親個人の力でなく，「社会の枠」であったからであろう．その一方で，陰で面倒をみてくれる人がいたり，固い規範枠を裏からそっと補正する柔らかな人情のような二重システムが，深い「社会のふところ」を作っていたのではないかと続けている．

人びとは，社会の規範や枠を崩すことによって自由を拡大してきたものの，自由である代わりに，その責任も全て引き受けねばならなくなったため，これまで枠によって制御され，守られてもいたことに対しては，どうすればいいのだろうかと考えあぐねる事態になっているのが現状であろう． 枠に縛られたくない，自由になりたい一方で，自分に不都合なことは抑えてほしい，ガードされたいという相矛盾する考えは，思春期・青年期にある者と親との問題に通じることである．その思春期・青年期に特に問われるようになるのが「私は何者だろう」という問いなのである．

10　おわりに〜辿りそしてつながる

社会は，絶えず変化していくものである．その中で生じた問題や病理現象となるものをも含み込み，いつしかそれはそれなりに適応的となり，また新たな問題や病理現象とよばれることが生まれてくる．こうしたことを繰り返しながら社会は変容していくのである．個人はその社会の中で，時にバラバラになりながらも超えて生き延びていかねばならない．だからこそ，〈私は？〉と問うことで，〈私〉を確かなものとし，世界との関わりを問うていかねばならないのである．「私とは何者なのか」「自分とは何なのか」という問いかけが自身の裡から生じた時，症状や病気を一方的に治してもらうというところからは離れ，〈私〉は〈私自身〉になっていく．その時，症状はなくすものではなく，問いかけのきっかけとなる．あとは，語る場と聴く者が与えられれば語り始めていく．問うては語り，語っては考え，聴く側の者と共に超えていくことになるのである．

〈これが私である〉という感覚は身体を介する感覚である．この感覚を確かにすることでわかってくるのは，探していた自分は結局自分の中にあるものだということである．それは今ここにいる現実の私であり，生を受けてから現在までの時間を重ねた私であり，この身体をもつ私でもある．今ここにある私が目の前の治療者に向けて〈私〉を辿り，語っていくことで，この私という身体感覚を伴う実感できる〈私〉となっていく．そして，彼女たちや彼らはバラバラな人間関係や周りのものやこと，そして世界との関係を考え，あやふやな歴史を辿り，それをつなげてひとつの意味のあるまとまりのある世界を作り上げていく．自分以外のさまざまなことを考えることでつながりは拡がっていく．心と身体がうまく調和して，自然な動きや表情もよみがえってくるであろう．身体を介して考えていくと自身の奥の深いところまで届いていく．それを足がかりに，他の関係へ，さらなる世界へと治療者は橋渡しをすることとなる．聴く側にたまたま位置することになった治療者はそうした作業の道具の一つとして，また鏡としても機能し，同行者として存在する．探してみつけるのではなく，自身の内界を探索していくためには同行者が必要であろう．この同行者が語る者を抱えて待つことで，語る側自身と治療者との関係や場というものを身体でも感じることとなり，そこからまた何かがみえ，動き始めていく．解離性同一性障害のいくつかの別人格が治療者という目の前にいるひとりの人に語ることでまとまっていくのと同様の現象が，他の症状を呈している人びととの間でも起こっていくのである．

A 子も B 子も〈私〉を辿り，病いや症状から解き放たれていった．来し方を辿ることで〈私〉は確かなものとなり，先を見据えることもできるようになっていったのである．

・注

1）Diagnostic and Statistical of Mental Disorders Third Edition-Revised（1987）アメリカ精神医学会が発行している精神障害の診断と統計マニュアルである．第 3 版の改訂版．

2）同じ DSM の第 4 版（1994）．

3）International Statistical Classificationof Diseaseand RelatedHealth Ploblems Tenth Revision（1992）WHO（World Health Organization 世界保健機関）発行の国際疾病分類（疾病及び関連保健問題の国際統計分類第10回修正）である．融道男・中根允文・小見山実監訳　1993『ICD-10精神および行動の障害』医学書院．

・引用文献　・

加藤まどか 2004『拒食と過食の社会学』岩波書店

香山リカ 2003『結婚幻想』筑摩書房
芹沢俊介 2002『引きこもるという情熱』雲母書房
高橋三郎訳 1988『DSM-III-R　精神障害の診断・統計マニュアル』医学書院
高橋三郎・大野　裕・染矢俊幸訳 1995『DSM-IV　精神疾患の分類と診断の手引』医学書院
滝川一廣 2003『「こころ」はだれが壊すのか』筑摩書房
滝川一廣 2004『新しい思春期像と精神療法』金剛出版
田辺繁治 2004『岩波宗教講座5　言語と身体』岩波書店

・参考文献・

クラインマン, A.（江口重行・五木田　紳・上野豪志訳）1996『病いの語り』誠信書房
フランク, A. W.（鈴木智之訳）2002『傷ついた物語の語り手』ゆみる書房
ハーマン, J. L.（中井久夫訳）1999『心的外傷と回復』みすず書房
井上俊他編 1995『岩波講座現代社会学2　自我・主体・アイデンティティ』岩波書店
假家素子 2003「〈孤〉と〈共生〉　そしてそれを超えて」『立命館大学心理教育相談センター年報2号』
假家素子 2004「身体で聴くということ」『立命館大学心理教育相談センター年報3号』
木村　敏 2005『関係としての自己』みすず書房
松下正明編 1998『臨床精神医学講座1精神症候と疾患分類疫学』中山書店
松下正明編 2000『臨床精神医学講座4摂食障害・性障害』中山書店
波平恵美子 2005『からだの文化人類学』大修館書店
パトナム, F. W.（中井久夫訳）2001『解離』みすず書房
斉藤　環 2003『心理学化する社会』PHP研究所
滝川一廣 2001『「こころ」はどこで壊れるのか』筑摩書房
滝川一廣 2004『「こころ」の本質とは何か』筑摩書房
渡辺恒夫編 2004『〈私〉という謎』新曜社

第6章
リスク社会論からみた児童虐待
——Aちゃんはなぜ殺されたのか——

1　はじめに

児童虐待が生じる要因は，たとえば，育てにくい子ども，望まない妊娠，親自身の被虐待経験，貧困，夫婦関係，地域からの孤立，母親は子どもを愛することが当然という母性神話，しつけに関する誤った知識など，さまざまである．しかも，児童虐待は一つの要因によって生じるというよりはむしろ，複数の要因が重なりあって生じる．それゆえ，児童虐待の要因を検討する際には，それぞれの事例における主たる要因は何であるかを理解した上で，どのような要因が重なりあって児童虐待が生じたかという点について検討する必要がある．

本章で着目したいのは，リスク社会の中で生じている児童虐待である．もちろん，リスク社会の視点だけで現代の児童虐待をすべて語ることができるわけではないのだが，リスク社会が浸透している現代社会において，少なからず，リスク社会を背景にした児童虐待は存在するし，また増加していくと思われる．こうした中，本章では，リスク社会を背景にした児童虐待発生のメカニズムについて理論と事例をもとに明らかにすると同時に，リスク社会の視点から現代の児童虐待を分析することの意義について明らかにすることを目的とする．

具体的には，第2節において日本の虐待の状況を統計的に明らかにした上で，第3節でリスク社会における児童虐待発生のメカニズムについて理論的に明らかにする．そして，第4節では，事例をもとに，リスク社会を背景に生じている児童虐待発生のメカニズムについて具体的に検討する．事例とは「個人的な歴史」を意味する．だが同時に，私たちは各事例から同時代を生きる人びとの「社会的な歴史」を映し出すこともできるのであり，本章ではこの事例から他の事例にも共通する虐待の原因を明らかにしたい．なお，事例についての記述や分析は，その事件に関する筆者の裁判の傍聴記録による[1]．最後に，「おわりに」において，リスク社会論の視点から現代の児童虐待を分析することの意義について検討する．

2　統計からみた日本の児童虐待

(1)　虐待相談件数

近年，「児童相談所が処理する虐待相談件数」が増加している．2004年度の相談件数は３万3408件であり，前年度と比べて6839件（前年度比25.7%）増加した．また，その値は，虐待相談件数の統計が取り始められた1990年度の1101件の約30.3倍の値を示す[2]．

虐待相談件数の増加要因に関しては，その要因を，社会の側の虐待への関心の高まりの影響だと考える構築主義のような立場と，社会の側の反応だけでは説明できないという立場とに，大きく二つに分かれる[3]．本章において，これら二つの立場を詳細に比較検討することは避けたい．だが，両者がともに認めるように，2000年の「児童虐待の防止等に関する法律」の施行以降，世間の虐待への関心の高まりによって，相談件数が増加していることはたしかである．ただし，構築主義者が指摘するように，仮に，児童虐待の絶対数が昔とそれほど変わっていないとしても，児童虐待の発生メカニズムは昔と同様でないことはたしかである．こうした中，私たちは，現代の児童虐待の質的な特徴について明らかにすべきであり，リスク論の視点から児童虐待を理解することは現代の児童虐待の質的な特徴を明らかにすることでもあるといえる．

(2)　虐待の種類，被虐待児の年齢，虐待者の属性

2004年度の相談件数から虐待の種類についてみると，身体的虐待が全体の44.5%と最も多く，次いで保護の怠慢・拒否（ネグレクト）が36.7%，心理的

虐待が15.6%，性的虐待が3.1%と続く[4]．

また，被虐待児の年齢は，小学生が37.4%，3歳～学齢前が26.3%，0歳～3歳未満が19.4%，中学生が12.5%，高校生・その他が4.4%である．この結果から，0歳～学齢前までの比較的年齢の低い子どもたちが全体の45.7%と約半分を占めていることがわかる．

さらに，虐待者の属性は，実母が62.4%，実父が20.9%，実父以外の父が6.4%，実母以外の母が1.5%，その他（祖父母，叔父叔母など）が8.8%となっている．この結果から，子どもの世話を身近ですることが多い実母が虐待者になる場合が多いことがわかる．

(3) 死亡事例

2006年3月に発行された『子ども虐待による死亡事例等の検証結果等について』（社会保障審議会児童部会，児童虐待等要保護事例の検証に関する専門委員会第2次報告）は，2004年1月1日から同年12月31日までの間に発生した児童虐待による死亡事例（53事例）を検討している．それによれば，死亡した子どもの77.6%が3歳以下の子どもであり，直接死因は身体的虐待が最も多く88.5%を占めていた．また，主たる加害者は実母が最も多く53.4%，次いで実父が22.1%であった．

本報告書では，虐待者の動機とその家族の状況（胎児期の問題，出生児の問題，身体の障害等，情緒・行動上の問題，乳幼児健診および予防接種率，過去の虐待経験，過去に虐待を認識していた機関，主たる養育者，同居していた養育者，家族形態，家計を支えていた主たる者，家族の経済状態，養育者の就業状況，出生時の養育意思，転居回数，親族関係のトラブル，地域社会との接触，養育機関の利用）が統計的に示されている．

虐待者の動機（複数回答）としては，しつけが15.5%，心中未遂13.8%，拒否の反応10.3%，精神症状による行為5.2%，殺意や害意のない行為5.2%，その他29.3%，不明19.0%となっている．「その他」と「不明」とを合わせると48.3%になるため，事例の約半分の動機は読者にはわからないものとなっている．また，本報告書では，各死亡事例における主要因が何であったかという点について詳細に分析されているわけでもない．このことは，虐待の主要因の特定が容易ではないことを意味しているといえる．

3　リスク社会の児童虐待

(1)　リスク社会

リスクとは，天災などの伝統的社会から存在する危険とは異なり，高度に近代化した社会の中で生じている危険を意味する．ドイツの社会学者，ベック（Beck, U.）は，現代社会のリスクとして，①環境破壊などの「地球規模のリスク」と②「社会，人間の人生，文化に見られるリスク」をあげ，後者の例として，雇用のリスク（雇用不安）とそこから生じる家族のリスク（家族内不安）に着目する．本章では，さまざまなリスクの中でも，後者の雇用のリスクと家族のリスクについて着目する．

ベックが指摘するように，社会が豊かになり，福祉国家が発展してゆくにつれ，人びとは集団として団結する必要がなくなり，階級は個人化されていった．「人間は，今日もはや，19世紀のように困窮しておらず，都市のプロレタリア貧民街に住んではいない．また，労働における疎外を体験したりもせず，また団結して大集団――社会的，政治的に行為する『階級』――を形成したりはしない．むしろ，人間は，まさにその反対に，社会的，政治的権利が勝ちとられるなか，生活世界における階級連関から解き放たれた．また，己れの生計費を調達するために，より自分自身に関心がむくようになった．福祉国家の規制とともに雇用労働が拡大し，社会階級が個人化されていった」（ベック，1998 p.158）のである．

しかし，グローバリズムの浸透とともに進行する経済の構造転換の中で，日本の場合は特にバブル経済が崩壊した1990年以降，年功序列制度や終身雇用制度はゆらぎ，失業者あるいは非常勤労働者が増加している．にもかかわらず，福祉国家のゆらぎが世界的現象となっている現代社会においては，社会保障制度は雇用に関わるリスクを負った個人とその家族を十分に救うことができなくなっている．しかも，現代社会においては，「階級が個人化」するだけでなく，近年の離婚の増大が示すように，「家族も個人化」している．ベックはいう．「個人化を推進する力が家族へ拡大するとともに，共同生活の形態が例外なく変化しはじめた．家族と個人の人生との関係はゆるめられた．男女の親としての人生を中核とする終身にわたる単位としての家族は，例外的なものとなっている．そして，期限つきでさまざまな家族を自分の人生のその時々の局面に応じて行き来するか，ないしは家族の形をとらない共同生活を送るかというのが通例になってしまった．自分の人生を家族にしばりつけているものが，その時その時の人生の諸断面の変化のなかで，ぼろぼろにされ廃棄される．交替可能になった家族関係のもと，家族の内側と外側で，男性と女性のそれぞれの人生の独立性が，あらわになってきた．誰もが，その時々の人生の段階に拘束された家族生活を送り，そしてまた家族から自由な形態の生活を送ることにより，ますます自分自身の人生を過ごす．それゆえ，まず個人の人生を時間の経過に沿って見た断面の中において――その時々の瞬間においてではなく，あるいは家族に関する統計の中にでもなく――家族の個人化が現れている」と（ベック，1998　p.231）．その結果，労働組合や家族は個人を守りきれなくなり，雇用のリスクと家族のリスクは，極めて個人的問題として扱われることになってきている．

また，仕事の選択，学校の選択，保険や福祉サービスの選択，病気の治療方法の選択など，個人の選択の自由が大幅に広がる一方，複雑化した現代社会においては「どのような選択がリスクを負う選択であるのか」，リスク予測をすることが困難であるため，リスクは一部の階級や集団を襲うというよりはむしろ，ますます個人を襲うようになっている．つまり，人びとは，失業などの雇用に関わるリスクを「個人的に」背負わなければならなくなっているのである．ベックはこのような状況を「社会的不平等の個人化」とよぶ．「大量失業は，個人化という条件の下では，個人的運命として人間に負わされる．人間はもはや社会的に公然とした形ではなく，しかも集団的にでもなく，個々人の人生のある局面において，失業という運命に見舞われる．失業という運命に見舞われた者は，自分一人でそれに耐え忍ばなくてはならない．以前は，貧しい階級に特有の生活連関が，そうした苦しい状況を耐えられるような解釈や防御－支援形態を提供し引き継いでいった．しかし，かつては集団で経験された運命は，階級関係が失われた個人化された生活状況においては，まずもって集団ではなく個人の運命となる」（ベック，1998　p.174）のである．本節では，リスクを個人的に背負わなければならなくなった状況を「リスクの個人化」とよびたい．

このような時代においては，一部の集団や階層だけでなく，誰もが常に不安を抱きながら，まるで生き残りゲームに参加するかのごとく生きていかなければならない．一流企業の社員を含む多くの労働者は，どんなに職場や上司のためにストレスを抱えながら懸命に働いたとしても，近い将来，「あなたはもうこの職場には必要のない人間です」と宣告されるかもしれない不安定性の中で生きている．このような時代において，特に，自己の努力が報われないと日々感じている若い世代（特に，フリーター）は，使い捨てにされそうなちっぽけな自己の存在に無力感を感じている．また，幼子を抱えている若い世代（特に，シングルマザー）ともなれば，将来，本当に自分の子どもを食べさせていけるのだろうかという不安を抱いている．しかも，若い世代は，このような不安は，努力は報われるという信念を抱き続けている上の世代には決して理解し得ないことだと考えている．ギデンズ（Giddens, A.）が指摘するように，私たちは「大量生産された不確実性」の中で，まるで「生き残りゲーム」に参加するかのごとく生きなければならないのである．

ベックやギデンズなどは上記のような社会のことをリスク社会とよび，リスク社会論を展開しているが，このようなリスク社会論に対して，リスクは昔から存在し，そもそも，そのリスクをカバーするのが社会保障制度であるという意見も存在する．だが，近年のリスク社会論（本章）が問題にしていることは，グローバル化する社会における経済の構造転換と福祉国家のゆらぎによって生じている新しいリスクであり，そのリスクの個人化であるという点に着目しなければならない．

(2)　雇用のリスクから家族のリスクへの移行と児童虐待

リスク社会においては，「階級の個人化と家族の個人化」によって生じている労働組合や近代家族の弱体化に着目しながら，雇用のリスクが家族のリスクにつながり，その家族のリスクの直接的被害が子どもに現れる時に起こる児童虐待のメカニズムに注目する必要がある．本節では，雇用のリスクとは不安定な雇用がもたらす個人の日常生活上のさまざまな危険と定義する．また，家族のリスクとは性別役割分業の矛盾から生じる個人の日常生活上のさまざまな危険と定義しておく．

グローバル社会における経済の構造転換と労働形態の多様化のため，労働者が一致団結しにくくなっているリスク社会においては，労働組合は弱体化し，労働者を守ることが難しくなっている．また，愛情によって繋がっている現代の「愛情」家族（近代家族）も，それが性別役割分業を前提にした家族である場合，家庭を守り得るとは限らない．なぜなら，そもそも性別役割分業を前提にしている愛情家族は，夫（父親）が妻子を養える場合に限って安定するが，それができなければたちまち不安定になるという内在的な構造を有しているため，ある意味で脆弱な存在だからである．たとえば，夫の失業に伴い，これまで専業主婦だった妻が急にパートに出たとしても，子どもたちの教育費や車・住宅ローンなどを含めた家計をやり繰りしていくことは並大抵のことではない．また，妻子を養うことができなくなった夫が性別役割分業意識をもち続け，家事や育児をせず，妻だけがパート労働の他に家事や育児をし続けた場合，妻の不満はたまり，夫婦間の愛情はどこかへ消え去ってしまうであろう．

このように，雇用のリスクが家族のリスクを生み，それが児童虐待という形で現れる場合，家族に依存せざるを得ない子どもは家族のリスクの直接的被害者となる．最近，ある児童相談所の職員から「最近，親の失業など，雇用不安が原因である児童虐待が増加している」という話を聞いたが，これは雇用のリスクが家族のリスクへと移行した，リスク社会の児童虐待の様子を端的に表している現場の声だと思う．

ところで，雇用のリスクから生じた家族のリスクと児童虐待との関係に着目するということは，ある意味で，貧困や階層と児童虐待の関係に着目することを意味する．山田昌弘は，生活の不安定化が深刻化する1998年以降と児童虐待の増加の関係に着目しながら，「いわゆる子どもの虐待も，高収入な男性と結婚した専業主婦が育児ノイローゼになって行うものが時々報道されている．しかし，現実には，仕事がない，遊ぶ金がないといった貧困の中で，子どもへの暴力，遺棄（ネグレクト）が行われるケースの方が多いのである」（山田，2004　p.155）と述べている．この他に，構築主義的分析という別の観点からではあるが，上野加代子も児童虐待の原因として母子の絆形成の失敗のような母親の心理的な欠点ばかりを強調するのではなく，貧困や階層の問題に着目する必要性を訴えている（上野，2003　p.206）．

ここで「ある意味で」と限定をつけたのは，先に「社会的不平等の個人化」あるいは「リスクの個人化」として述べたように，雇用のリスクを被る可能性は，ある一部の階層や集団だけでなく，現代の多くの労働者がもっているということを強調するためである．また，性別役割分業の上に成り立っている現代の多くの愛情家族が，雇用のリスクから生じる家族のリスクを受ける可能性を孕んでいることを強調するためである．

4　Aちゃんはなぜ殺されたのか

(1)　事件の概要

200X年10月の夜中，母親B（40代前半）が自宅で娘のA（当時2歳）を浴室に連れて行き，背中に70度の熱湯を浴びせて大やけどを負わせた．Bと父親C（当時30代後半）は虐待の発覚を恐れ，医師の治療を受けさせなかったため，11月上旬にAは肺血症で亡くなった．

Aは，夫婦関係が悪くてBが泥酔した時に，夫Cとは別の男性との間に妊娠した子どもだった．妊娠に気づいたのは5～6ヶ月目で，すでに中絶できる時期ではなかった．それまで病院に行かなかったのは，生理不順だったBが生理が遅れていると思っていたからであった．当時，夫と性的関係がなかったにもかかわらず，Bのお腹が大きくなったために，夫は大きくなったお腹のことを聞いてきたが，Bは返答せず，そのまま出産の日を迎え，200Y年10月の明け方，Bは自宅で出産し，その後，BとAは夫に付き添われて病院に入院した．

その後，Bは夫に離婚するように申し出るが，夫は上の子どもたちがいるので離婚できないと言い，Aを自分たちの子どもとして戸籍に入れ，その後，生後間もないAを乳児院に預けた．そして，Aを出産した約1年後に，この夫婦の間にもう一人子どもが産まれた．法廷でBは夫から無理矢理性的関係をもたされ，妊娠したと証言した．その後，Aが亡くなる約6ヶ月前（約1歳半の時）の4月に，AはBの家に戻ってきた．当初，家族はAのことを可愛がろうとしたのだが，Aが床や壁におでこをぶつけてたんこぶをつくったり，笑うこともしなかったため，Aを嫌うようになった．

Bは，夫から「Aの泣き声がうるさい」と言われたことを契機に，家族が家にいる時はAを押入れの中で過ごさせた．また，家族が食事中に「押入れのふすまの隙間からAの視線を感じる．」と言ったことを契機に，Aのいる押入れの隙間も密閉した．押入れの中では，壁側に向けたチャイルドシートにAを座らせた．そのようなことを続けているうちに，Aはそのチャイルドシートを自分の場所だと思い込み，押し入れ以外の所から押し入れに入る時，自らそのチャイルドシートに座るようになっていった．

亡くなる3ヶ月前の夏頃から，Aには十分な食事が与えられなかった．そのため，乳児院から引き取られる時11キロあった体重は，司法解剖時には7キロになっていた．

(2)「望まない子ども」と「施設から帰ってきたなつかない子ども」

一見すると，この事例の虐待の原因は，Aが家族にとって「望まれない子ども」であった点と，「施設から帰ってきたなつかない子ども」であった点に見い出されるかもしれない．Aは家族，特に夫にとっていかに望まれない子どもであり，またいかになつかない子どもであったのか．

まず，「望まれない子ども」という点について検討してみたい．Aが夫にとって望まれない子どもであったことは，以下の3つの夫の態度から明らかである．一つめは，出産後のBが病院に入院している時，Bに十分相談することなく，児童相談所の職員にAの里親を探してもらうことを依頼するとともに，里親がみつかるまで乳児院に預かってもらうことを依頼した夫の態度である．二つめは，乳児院からAを引き取ることに積極的でなかった夫の態度である．Aを乳児院から引き取りたいと考えたのはBであり，夫はAを引き取ったとしても「Bに育ててもらおう」（夫の証言）と，他人任せだった．三つめは，時にはAの世話をするものの，基本的にAに無関心で，Aに嫌悪感さえ抱いていた夫の態度である．以上のような夫の態度は以下の法廷内でのやりとりから明らかである．

（Bの弁護人）「Aを引き取ってからどうしようと思っていましたか？」
（C）「できれば仲良くやっていきたいと思っていました．」
（Bの弁護人）「Aに関わらなかった理由は何ですか？」
（C）「自分の子どもでないという気持ちがあったかもしれません．」
（Bの弁護人）「口に出していないのですか？」
（C）「ないです．」
（Bの弁護人）「口に出してはいけないと思ったのですか？」
（C）「わからないです．」
（Bの弁護人）「子ども3人はAに対しどのように関わっていましたか？」
（C）「よく覚えていないです．」
（Bの弁護人）「押し入れに入れた理由を妻Bに尋ねましたか？　なぜ話し合わなかったのですか？」
（C）「どうして入れたのかということは聞いたが，それ以上は発展しませんでした．」
略
（検察官）「Aが自宅に帰る半年前に，5女が生まれています．夫Cの接し方に違いはありましたか？」
（B）「下の子のおしめ換えなどはしたが，Aにはしませんでした．育児に関して下の子にはするが，Aにはしないということがありました.」
(検察官)「CがAを可愛がることはありましたか？」
(B)「私がAに冷たく当たっている時，主人が風呂に入れました．私が買い物に出ている時に，主人がAにパンをあげました.」

一方，Bについては，BのAに対する態度は，愛情を注ぎたいが，夫の子どもではないため全面的に愛情を注げないというアンビバレントなものだったといえる．たとえば，Aを産んだ当初，Bは夫と離婚し，Aを一人で育てようと考えたり，乳児院に面会に行きたいと思うなど，Aに愛情を注ぎたいと思っていた．だが他方で，Bが法廷で何度も証言したように，Bは夫以外の子どもを産んだことに対して，ずっと引け目を感じていた．また，Bは法廷でAを乳児院から引き取った理由を，「近所の人が家でAを生んだことを知っているにもかかわらず，Aがなかなか家に帰らないと近所の人が変に思うため」と述べた．「Aを引き取った当初は，上の子どもたち3人を含め家族はAを可愛がろうとしていた」というBの別の証言から推測すると，「近所の人が変に思うからAを引き取った」という証言は，自ら育てたいと積極的に言えないために，Aを引き取る理由を他者に求めた証言であると思われる．にもかかわらず，Aに関心を払わず，Aの育児を手伝わない夫の態度によって，もともとアンビバレントだったBは精神的に追いつめられていったといえよう．

次に，「施設から帰ってきたなつかない子ども」という点について検討してみたい．上述したように，当初，家族はAのことを可愛がろうとしていた．実際，Bは上の子どもを連れて乳児院で暮らしていたAに面会に行き，その際，乳児院の職員は，Bと上の子どもたちとAが楽しく過ごしている場面を目にしていた．だが，Aが家に戻ってから，Aが床や壁におでこをぶつけてたんこぶをつくったり，笑うこともしなかったため，上の子どもたちはAを嫌うようになっていった．そして，夫の言葉をもとにAは押入れでの生活を余儀なくされ，時には押入れからのAの視線を気味が悪いと思うに至ったのである．そのことに関して，Bは法廷で以下のように証言した．

(検察官)「Aはあなたや家族になついていましたか？」
(B)「いいえ.」
(検察官)「理由は何ですか？」
(B)「あの子自身，顔の知らない人に連れて行かれて生活するのに大変だったと思います．言葉もしゃべってくれませんでした.」
略
(検察官)「家族のAに対する接し方が変わったのはいつですか？」
(B)「Aが自分でたんこぶをつくった時からです．床とか，壁とかに自分でおでこをぶつけて，たんこぶをつくるので.」
(検察官)「施設からそのことを聞いていましたか？」
(B)「聞いていませんでした．電話で尋ねました.」
略
(検察官)「漫画やアニメを見せている時のAの様子はどうでした？」
(B)「母がいなければ声を出して反応していました．最初は気づかなかったのですが.」
(検察官)「あなたがいない時はアニメを見て声を出し，あなたが話しかけたり，足音がすると反応しなかったのですか？」
(B)「はい」

1歳半まで乳児院で育てられたAは，家族のもとに帰っても，養育者や環境の変化のために，すぐには新しい家族にはなじめなかったようである．そして，「望まない子ども」であったと同時に，「施設から帰ってきたなつかない子ども」であったAは，自宅に戻ってからわずか6ヶ月程で虐待死させられてしまったのである.

望まない妊娠と児童虐待の関係に関する研究として，たとえば，児童相談所のスタッフによる調査研究「望まない妊娠により出生した児と母親へのケアに関する研究，望まない妊娠の結果生まれた児への虐待をめぐる問題」(1996)などがある．この調査は，1992年4月から1995年7月の間に，児童虐待として取り扱った事例（電話相談除く）のうち，「望まない妊娠の結果生まれた児童」47事例と「望んだ妊娠の結果生まれた児童」10事例とを，ケース記録をもとに比較検討したものである．その調査結果において着目すべき点は，望まない妊娠をした親は，望んだ妊娠の親と比べると，虐待の原因を親自身の問題にするよりも，子どもの問題にしている場合が多いという点である．また，望まない妊娠をした親は，ほとんどの事例で虐待の認識がないか否定しているという点である．

また，施設から自宅に帰ってきた子どもが実父母になつかずに虐待されるという事件は，これまでにも社会問題として大きく取り上げられた．たとえば，本事件が起こる少し前の2001年8月，小学校1年生（当時6歳）が実母と義父によって虐待死させられ，尼崎市の運河でポリ袋に詰められ捨てられた事件が起こった．この事件は，児童養護施設に入所中の当該児童が一時帰宅中に，「家よりも施設の方が好き」と話したり，いうことを聞かないことに腹を立てた実母と義父が，約7時間にわたり暴行を加え，殺したという事件であった．

これらの調査研究と尼崎市の事件が示すように，「望まない子ども」や「施設から帰ってきたなつかない子ども」と虐待との関係に着目する必要がある．

(3)　雇用のリスクから家族のリスクへの移行と家族のリスクの増幅

しかし，本事件の要因を「望まない子ども」と「施設から帰ってきたなつかない子ども」という点だけに求めるのではなく，第3節で述べたように雇用のリスクとそこから移行した家族のリスクに求める必要があると思われる．

夫は昼夜交代制の工員として勤め，Bはパート労働をしながら，3人の子どもを養わなければならず，Bの家族は「夫の給料だけでは食べていけない」（Bの証言）経済状況にあった．にもかかわらず，夫は新車や新しい携帯電話を購入したり，親戚に借金をするとともに，性別役割分業意識をもっていたため，家事労働をほとんど手伝わなかった．Bはそのような夫に不満を募らせていった．Bはそのことを以下のように法廷で証言した．

（検察官）「家事の問題とは何ですか？」
（B）「共稼ぎだと，男の人もある程度手伝ってくれると思うが，全部私がやっていました．」
（検察官）「子どものこととは何ですか？」
（B）「子どもの学校のことは女の人がしなければならないでしょと，主人に言われました.」
(検察官)「夫Cに家事を手伝ってくれと言わなかったのですか？」
(B)「最初は1，2回ありますが，その後はないです.」
(検察官)「具体的にはどのようなことを言いましたか？」
(B)「雑誌重ねてとか，お風呂掃除して，と言いました.」
(検察官)「それに対して夫はどのような態度でしたか？」
(B)「最初はしてくれましたが，しなくなりました.」
略
(検察官)「家族の事柄について決める時，話し合わなかったのですか？」
(B)「話し合わなかったです.」
(検察官)「意見が食い違う時はどうしていましたか？」
(B)「私が黙りました.」
(検察官)「結局どうなりましたか？」
(B)「事が進みました.」

そして，Bが夫以外の男性と性的関係をもったのも，「一生懸命働いても，稼いだお金がすべて会計に消えるのが空しかった」(Bの証言) からであった．また，夫が家事を手伝わない状況は，Aが生まれてからもずっと続いていた．たとえば，AとAの後に生まれた子どもとの2人の幼子がいるにもかかわらず，夫はBに車で夜勤の前後に送り迎えをさせており，この送り迎えはBの負担になっていた．そして，夫は家にいる間，疲れた体を休めるためにほとんど寝ている状態だった．さらに，Bの証言によれば，Aが亡くなる3ヶ月前の夏頃から十分な食事が与えられなかったのは，Bがパートを辞めていた上に夫の夜勤が減り，生活が困窮したためである．そして，当時，経済的に困窮していたため，この家族のメンバーは皆1日1食しか食べることができず，Aの後に生まれた子どもも栄養失調になっていた．

つまり，Aを妊娠する前もAが家に帰ってきてからも，この家族は一貫して雇用のリスクと性別役割分業に関わる家族のリスクに苛まれていたといえる．特に，Aが虐待死する3ヶ月前における食事も十分にとれないほどの経済的困窮は，妻を精神的に追いつめていった一つの大きな要因だといえる．その上に，「望まない子ども」と「施設から帰ってきたなつかない子ども」という要因が加わり，家族のリスクは増幅していったといえよう．

⑷　専門家システムからこぼれ落ちた家族とリスクの個人化

専門家はなぜこの事件を制止できなかったのか，三つの点から検討してみよう．

一つめに，施設から帰ってきた子どもへの対応について．Aが家に帰ってから，保健師が8回B宅を訪問したのだが，そのうち，保健師がAに会えたのは2回だけだった．保健師はBから「夜泣きがひどく，昼間は寝ている」といわれ，Aの顔を見ずに帰ったのである．この事件の後，市は保健師が訪問した際には必ず子どもに会うことを徹底することにした．また，本事件が起きた管轄の児童相談所は，これまで親が再婚した場合や育児相談を受けた場合のみ，福祉施設を退所した子ども宅を訪問していたが，この事件以後，保健所などと連携して，福祉施設退所後のすべての子ども宅を最低1年間か場合によっては小学生に入学するまで訪問することにした．本事件後，このように公的機関の対応は変更された．

だが，尼崎市の虐待死事件が大きな社会問題となった数年後に，本事件のような施設退所後の子どもの虐待死事件が起きたことから，「またもや同じような事件が発生したのか」という思いが残る[5]．2004年に一部改正された児童虐待防止法では，児童虐待を受けた子どもの自立支援や親子の再統合に関する項目が追加されたが，本事件は施設退所後の家族の再統合に向けた親と子への支援を早急に充実していかなければならないことを物語っている．

二つめに，信頼して相談できる専門家という点について．ここで着目したい点は，Bと保健師とは接触があり，Bが乳児院の職員にAのことを相談した経緯があったにもかかわらず，誰もBの悩みを本当の意味で知らなかったし，受け止めることができなかったという点である．虐待をしている親が虐待発覚を恐れて，専門家と子どもとの接触を拒む場合は少なくないが，本事件が起こる前に，保健師や乳児院の保育士が，自宅に帰ったAの行動，Bと夫との関係，そして孤立した子育ての状況を察知すべきであった．特に乳児院の保育士は，Bが自らAのことを電話で相談した際に，助けを求めているBのサインを見逃すべきではなかった．以上から，専門家には，人は本当のことをすべて語りえないということを前提に，対象者と接し，対象者の本当の苦悩を理解する想像力が不可欠であることがわかる．

三つめに，施設への入所と退所に関わるケースワークについて．ここで注目すべきことは，児童相談所の職員がBの意見を聞かずに，Aの乳児院入所を決定したと，Bが認識している点である．また，夫がAの乳児院退所を積極的に受け入れていなかったことを，児童相談所の職員が理解していたかどうか疑わしいことが，公判から明らかになった．このように，積極的にAの世話をしようとしない夫の家にAを帰したことは，結果として誤った判断だったといわざるを得ない．このように，本事件から入所と退所に関して十分なケースワークが不可欠であることがわかる．

つまり，この家族が専門システムからこぼれ落ちたことが，本事件の大きな要因であったといえる．

5 おわりに

本章では，児童虐待の多くの要因がさまざま存在する中でも，リスク社会における雇用のリスクとそこから生じる家族のリスクという観点から児童虐待を分析する重要性を理論的に示した．雇用のリスクとは不安定な雇用から生じる経済的問題を意味し，家族のリスクとは性別役割分業から生じる夫婦間の葛藤を意味している．そして，児童虐待の原因を，ただ経済的な問題や夫婦間の葛藤として捉えるのではなく，それらを規定するリスク概念で捉える意義は二つある．一つは，リスク概念の中でも特に「リスクの個人化」という捉え方によって，「階級の個人化」と「家族の個人化」の進行と併せて，福祉国家が衰退し，個人責任論が台頭する現代社会において，新しいリスクが生じていることを表現できるからである．二つは，特に「リスクの輻輳」という捉え方によって，リスクが増幅して，輻輳しながら起こる現代の社会病理現象を理論的に捉えることができるからである．このように，リスク論の視点から現代の社会病理現象を読み解く意義があると思われる．

本事件の場合には，夫の不安定な雇用と妻のパート労働における「雇用のリスク」と，性別役割分業上の夫婦間の葛藤という「家族のリスク」が存在していた所に，望まない子どもと施設から帰ってきたなつかない子どもという要因が付け加わり，家族のリスクが増大していった．望まない，なつかない子どもの存在によって，夫婦関係は以前にも増して悪くなり，妻は難しい育児を独りでしなければならない，しかももう一人幼子がいるという状態にあった．その後，夫の夜勤の減少のために充分な食事もとれない「雇用のリスク」がこの家族を襲い，専門家システムからもこぼれ落ちてしまった．こうした一連の経過は，まさにリスクの輻輳と捉えるべきであろう．

そして，熱湯をかけて子どもを死亡させた引き金は，寒くなってきたにもかかわらず「毛布がない」という日常のトラブルだった．この何げない日常のトラブルを契機に，母親は子どもに熱湯を浴びせ続けるという病理的な行為を行ったのである．その後も，夫婦関係が悪かったために，夫は傷の深さを充分に知らず，夫婦は子どもを病院にも行かせず，妻が自宅で手当てを続け，ついに，子どもを殺してしまうという最悪の結果を招いてしまった．この状況は，まさに「リスクの個人化」以外の何物でもない．

・注

1）本章で引用した傍聴記録は，実際の言葉を要約的に記述したものである．

2）児童相談所が処理する虐待相談件数に関する記述は，厚生労働省『平成16年度社会福祉行政業務報告』をもとにしている．

3）この点に関しては，井上真理子『ファミリー・バイオレンス』の60～62ページを参照されたい．

4）虐待の種類，被虐待者の年齢，虐待者の属性に関する記述は，厚生労働省『平成16年度社会福祉行政業務報告』をもとにしている．

5）たとえば，筆者が別稿で分析した母子家庭の子どもの餓死事件が発生する前にも，同じような母子家庭の子どもの死亡事件が発生していた．

・引用文献・

Beck,U. 1986 *Risikogesellschaft*, Suhrkamp.（東廉・伊藤美登里訳 1998『危険社

会』法政大学出版局）
藤井東治・古沢素子・佐藤協子・豊沢義紀・増川敦子・中澤恵・石井麻子・秋山宇代・大倉恭子 1996「望まない妊娠により出生した児と母親へのケアに関する研究，『望まない妊娠の結果生まれた児』への虐待をめぐる問題」林譲治『厚生省心身障害研究平成 7 年度研究報告書，望まない妊娠等の防止に関する研究』厚生省
井上眞理子 2005『ファミリー・バイオレンス―子ども虐待発生のメカニズム』晃洋書房
厚生労働省 2005『平成16年度社会福祉行政業務報告』厚生労働省
社会保障審議会児童部会，児童虐待等要保護事例の検証に関する専門委員会 2006『子ども虐待による死亡事例等の検証結果等について　第 2 次報告』厚生労働省
上野加代子 2003『〈児童虐待〉の構築』世界思想社
山田昌弘 2004『希望格差社会』筑摩書房

第7章

施設化という病理
—「福祉」のパラドックスとその克服に向けて

1 「福祉」問題の所在

日本社会における一般的な生活水準は，驚異的な高度経済成長によって大きく底上げされ，現在に至っている．公衆衛生の整備が進み，日常生活を営むために必要最低限の衣食住の諸条件は一応整った．医療技術は日進月歩で進歩し，必要とする人が医療サービスを受けられる体制が医療保険などによって支えられている．この結果，平均余命は世界最高水準にある[1]．他方，生活様式ないし生活上の価値観は急速かつ広範に個人主義化してきたといえる．その傾向は人口動態にも顕著に現れている．1989年の合計特殊出生率が急落した「1.57ショック」をきっかけに，政府は少子化対策に取り組んできたものの，2005年の合計特殊出生率の概算は前年度1.29をさらに割り込み，1.25となった．晩婚化・未婚化などを社会的背景として少子化が進行している．国立社会保障・人口問題研究所は，日本社会の労働人口は2005年の6772万人をピークとして，その後次第に減少していくと推計している．

また，「豊かな社会」の恩恵である長寿に関連して，高齢者福祉が社会福祉サービスの重点課題として認知され，近年，諸施策の整備と度重なる改正が行われてきた．簡単に経緯をみておくと，1950年代の福祉三法につぐ1960年代の福祉六法では，「老人福祉」が社会福祉の主要な領域として明確に位置づけられた．最低生活の保障とウェルフェア（welfare）の実現を目標とした社会保障が整備された後，いわゆるウェル・ビーイング（well-being）の理念の下に，社会福祉サービスの拡充が重点的に取り組まれている．

そして，社会福祉の各領域では，「施設ケア」から「地域ケア」へという転換が目標として掲げられ，高齢者福祉の領域においては，2000年に介護保険制度が実施された．2005年10月には，従来介護保険サービスに含まれていた施設サービス利用者の食費と居住費が保険対象外となり，利用者の全額自己負担となった[2)]．居宅介護サービスの利用者との均衡を図るという目的での「見直し」であるが，施設サービスと居宅サービスを含めて，介護の社会化への期待がさまざまな方面から寄せられていることに変わりはない．

本章では，福祉が含意する機能（function）と逆機能（dysfunction）を射程に入れて，現代社会を生きる私たちの生活問題を社会福祉がいかに改善しうるか，そして，社会福祉がどのように人びとの生活を支援しうるのか，その可能性を明らかにする．また，社会福祉が社会的存在としての人間にとって障壁ないし陥穽となってしまう場合，すなわち「『援助者』の意図せぬアイロニカルな結果として，『援助』が逆に『問題』の悪化をもたらすケース」（宝月，1998 p.136）があるとすれば，それは具体的にはどのようなケースなのであろうか．そして，社会福祉の領域におけるそのようなパラドキシカルな現実は，どのように乗り越えられるのであろうか．

以下，考察を進める手順として，はじめに福祉に関する社会学的研究，とりわけ社会病理学的視点から取り組まれた先行研究を概観し，社会学の視角から福祉行政の主体ないし福祉対象者がどのように分析されるのかについて展開する．次に，社会福祉の可能性と困難を射程に入れながら，介護の社会化の成果を明らかにするとともに，今後の課題と展望について考察する．論考にあたっては，逐次，特別養護老人ホームを中心とした高齢者福祉の実践現場における社会的リアリティに照準を合わせて，社会学理論の整理と社会的現実分析への応用を試みたいと思う．

2　福祉への社会学的まなざし

(1)　社会福祉の大きな流れ

はじめに，福祉とはどのようなものであろうか．概略的に考えると，宗教的な施与，地縁血縁による互助などの前近代的な福祉と，近代的制度としての社会福祉の二つに分けることができる．これらを含む総体が広義の福祉である．社会的な制度や市民の権利としての社会福祉は狭義の福祉であるといえる．社会福祉の領域に限定すると，さまざまな事情により窮地にある人びとの問題状況を改善し，最低限の生活を営むことが可能な水準まで引き上げること（ウェルフェア）から，さらに各自の生活様式と価値を尊重したライフを実現する支援（ウェル・ビーイング）へと，社会福祉の理念と対象範囲は展開されてきた．

ところで，なぜ現代社会において社会福祉が大きな課題となるのであろうか．家族・地域において個人主義化が進行し，前近代的な相互扶助が機能しなくなり，何か問題が発生した時，互いに助け合って問題解決をめざすという社会的な関係性の成立が困難になったということが最も大きな要因としてあげられる．並行して，特に高度成長期以降に生活のさまざまな局面で社会化が進行した．社会化とは，貨幣を媒介にした商品化を意味し，具体的には，従来もっぱら家族によって担われていた家事一般を，社会的サービスとして買うことができるようになることを指す．たとえば，保育所，クリーニングサービス，ホームヘルプサービスなどを想起すればよいであろう．私たちの日常生活においては，住宅設備から食事の内容，入浴回数などに至るまで，一般に想定される最低水準がますます高度化し，多様化してきた．社会福祉サービスの提供もこの問題と無関係ではなく，ウェル・ビーイングの理念の下，個別のニーズを充足するためのケアの社会化が不可欠になった．高齢者福祉も，このような家族の変容や生活水準の高度化などのために，介護保険制度の導入により「措置」から「契約」へと施策が転換され，介護の社会化がすすめられた（春日，2000b　pp.218～222）．

老人福祉施設数の年次推移をみておくと，1990（平成2）年6506ヶ所（うち特別養護老人ホーム2260ヶ所，以下同），2000（平成12）年2万8643ヶ所（4463ヶ所），2003（平成15）年3万6475ヶ所（5084ヶ所）と大幅に増加している．特別養護老人ホームの入所者数は，1990（平成2）年16万476名，2000（平成12）年29万6082名，2003（平成15）年34万1272名と，ハイスピードの増加をみせている[3]．

(2) 福祉国家の批判的検討

福祉国家とは，簡潔にいえば，国民の福祉に責任をもつ国家である．国民の社会変動に伴う家族の弱体化を踏まえて，「解体しつつある家族を国家が支える制度」（富永，2001　p. i）として福祉国家の役割が大きくなった．

福祉国家に関する世界的情勢を概略しておくと，福祉と完全雇用によって国民の生活を守ることをめざした1960年代のイギリス・北欧型福祉国家は，「ゆりかごから墓場まで」の国民生活を国家が保障すべく，さまざまな政策を展開した．福祉国家は財政の大きな部分を社会保障に当て，国民も所得の大部分を保障費として負担（＝高負担）し，生活のさまざまな局面で手厚い国家の保障（＝高福祉）を受ける[4)]．しかし，1970年代には各国の社会保障費が膨張し，財政を圧迫するようになった．そして，1973年の第一次石油ショックが各国の経済に打撃をもたらした結果，「福祉見直し」という名目で社会保障の縮小が推進され始めた．

日本では，70歳以上の老人医療費の無料化をはじめとして，社会保障の諸領域で拡充が図られて「福祉元年」と謳われた1973年とその後数年を給付水準の頂点として「福祉見直し」に転じた．社会保障費の急激な膨張を背景として，福祉国家的政策に関する批判的検討が行われた．たとえば，蓮見音彦は，生活領域における公共政策の拡大が，「自主性を喪失した家族の補完をはたしつつ，さらにそれらの自主性を撲殺する役割を果たしている」（1987　p.7）と指摘し，福祉の必要性ないし機能を認めつつも，その逆機能の側面に重点を置いて福祉国家批判を行った．また，今田高俊は，「従来の福祉国家がこの中間集団の果たす機能を低下させた」（2004　p.258）として，地域社会などのメゾレベルにおいても，社会福祉が自力での問題解決能力を弱化させた点に言及している．

(3) 福祉社会への期待

その後，福祉国家の財政的危機と福祉国家批判を背景として，福祉社会論が登場した．国家による過度の介入を避け，それぞれの地域の実情に応じた社会福祉を住民が主体となって作り上げていくという主張である．「個人の自助努力と家庭や近隣・地域社会等の連帯を基礎」とし，「効率のよい政府が適正な公的福祉を重点的に保障する」と提言した1979年の「新経済社会七ヶ年計画」以降，企業や家族が担うべき福祉機能を強調する日本型福祉社会論が唱えられた．福祉社会の構想によって，いわゆる「措置」のような一方的な社会福祉ではなく，利用者の主体的選択によって個別の問題に対してより適切に対応することが可能になると考えられたのである．

ところで，地域福祉に関する社会学研究を展開している金子勇は，「……1980年前後から，コミュニティ・ケアや地域福祉の必要性が指摘されて」いながらも，「十分な成功をおさめて」おらず，「依然として課題の羅列で終わっている」という反省の上に，「アノミー（anomie）論の応用可能性」を指摘している（1997　p.140）．これに関連して，「アノミーが蔓延すれば，地域福祉など論外である」（金子，1997　p.141）と注釈しているが，この点に関連して，奥田道大による地域社会の4類型（1983　p.28）や関連する実証研究などを参照しつつ，さらなる検討を行うことが必要であろう．

デュルケームのいう近代社会の病理としてのアノミーは，無規制と欲望の肥大を意味する．近代以降の社会において，デュルケームが用いた意味でのアノミーはすでに日常化し，ミクロな生活領域からマクロな社会制度のレベルまで浸潤している．そして，社会集団への愛着を欠いた過度な個人主義（＝エゴイズム）と欲望を達成する仕組みとしての商品化が，複合的にアノミーの病理と絡んでいる．社会福祉の領域に関連していえば，アノミーの病理は，商品化された福祉需要の膨張と人びとの「福祉依存」の促進と密接に関わっていると考えられる．このような現実理解に立脚した上で，個々の生活問題の改善に向けた社会資本ないし社会関係資本に関わる具体的実践と，その実践の基盤をなす理念と知恵の精錬が可能となるように思われる．

(4)　社会病理学からのアプローチ①――都市と福祉対象者への視点――

本項においては，高齢者福祉以外の領域も視野に入れて，広義の福祉に関する社会病理学的視点を先行研究から整理しておきたい．

まず，矢島正見の参与観察と詳細な資料に基づいた寿地区のスラム研究は，第２次世界大戦後のドヤ街形成から政策的な都市計画の介入による街の整備とそれ以降の地域の変容を，「囲い込み」と「収容所化」いう概念を用いて克明に分析している．

> 「二四〇メートル四方，わずか五千人の人口の街」に簡易宿泊所や食堂，パチンコ店などの娯楽施設がひしめき，さらに社会・教育・福祉に関連する手厚い投資と援助が投入された1980年代半ばの寿地区は，「囲い込みの行き着いた結果」形成された「一大福祉地区」である．「かつての寿地区ドヤ街は…日雇い労働者を収容する街であった．しかし現在の寿地区は…他地域では生きずらくなった人達が集まってくる街に変容してきている．〈寄場ドヤ街〉から〈弱者ドヤ街〉への変容である．…福祉施設の設置，福祉の充実，各種団体の活動は，こうした街の変容に対する対応である．…〈きめ細やかな囲い込み〉もしくは〈福祉的囲い込み〉が生まれ…こうして現在，寿地区ドヤ街は，街全体が，社会からはじき出された者の〈収容所〉ないしは〈安全地帯〉と化してきているのである」．(1987　pp.183～208)

矢島は，生活問題の改善をめざして施行される公的扶助やさまざまな社会サービスとしての「福祉」が，対象者の生活問題を解決するのではなく，それを別の問題に作り変えてしまう社会政策の逆機能について，フィールドワークを通して明らかにした．生活問題の当事者に対する福祉的援助が新たな問題を再構成し，さらにその問題が福祉的環境自体によって固定化され，社会的自立に対する障壁として機能するという，「福祉依存」のジレンマを鋭く指摘した研究である．

ところで，〈囲い込み〉とは，ある地域とその住民が，フーコー（Foucault, M.）が権力論の文脈において再発見したベンサム（Bentham, J.）の「一望監視装置」に近似することである．そこで生きる人びとは一種のホスピタリズムに陥り，主体的生活者たる能力をスポイルされる．〈囲い込み〉の中で拡充される「福祉」が，そこで生活する人びとに「福祉依存」という「無力化（mortification)」を惹き起こす[5]．アジール（Asyl）としてのドヤ街は，低所得者や債務者，日雇い労働者たちにとっては生活のための公的援助を得られる住みよい地ではありえる．しかし，これが隔離の一形態であることもまた明らかである．

社会福祉を施行する際に生ずる権力の介入と支配－被支配関係は，よりミクロな局面においても観察することができる．たとえば，パーソンズ（Persons, T.）は社会的役割論を援用して，統制装置としての医療について分析を行っている．病人は通常の社会的役割を免除され，病気という状態に対する本人の責任は問われないが，そのかわりに病気という望ましくない状態から回復しようと努力する義務があり，これらの過程で医者の援助と協力を仰がねばならない（パーソンズ，2001　pp.361～364）．このような病人に対する医療の介入は，専門化支配と病人側の「依存」という問題と密接に関連しているが，福祉の分野に関しても同様の問題が生じる可能性はある．

この問題に関連して，宝月誠は，売春防止法に基づく婦人相談所の調査研究の中で，「援助者がクライアントたちを『要保護者』として扱い，外部世界との接触の少ない施設内の生活にとどめておくと，意図したわけではなくとも彼（女）らは保護施設でしか生きられない人間に徐々になっていく」（1998　p. 140）と述べている．

このような無力化が，福祉的援助の場における相互行為を通して進行し，問題を抱える当事者に「施設依存」を引き起こす．自立支援のための社会政策や福祉政策が，当事者から自立へと向かう力を奪い，地域社会においては地域住民を巻き込んだ有機的な相互交流ではなく，厳然とした住み分け（segregation）とさらなる社会的排除（social exclusion）の構造的基盤を提供する場合がある．

⑸　社会病理学からのアプローチ②——地域社会と高齢化への視点——

山手茂は，「家族病理と地域社会病理は，社会病理学における最も重要な分野」であり，「地域社会病理と家族社会病理との関連を検討すること，そのなかでも特に高齢化の進展にともなって深刻化している老人の自殺や疾病・障害などと家族病理の関連を明らかにすること」（1989　p.99）が社会病理学の古くかつ新しい課題であると述べている．日本社会の工業化・情報化・国際化・高齢化に伴って地域社会は激変し，今後も「いっそう大きな変容を続ける」．「伝統的な社会関係が崩壊し，住民の共同意識や共同活動も解体化し，消滅してきて」おり，地域の解体が進行している．しかし，住民の共同意識と共同活動を再生させようとする主体的な住民活動，つまり地域の再組織化に向けた変革の動きもまた各地で展開されている．今日の地域社会においては，地域解体と地域の再組織化が拮抗していると山手は指摘している（1996　p.61）．このような問題意識に基づいて，山手は地域社会の変容に伴って生ずる生活問題の解決のかなめとして，社会福祉協議会，NPO，ボランティアなど多様な実践主体と多様な実践領域を想定した福祉コミュニティの形成を提言している．

次に，高齢者福祉に関連する社会病理学的研究の概略をみておきたい．

松本寿昭は，山手と問題関心を共有しつつ老人の自殺の問題を取り上げ，家族を取り巻く地域社会の社会変動と老人の自殺の連関を自殺高率地域において行った社会調査と統計資料によって明らかにしている（1989　pp.104-139）．

また，高橋正人は老年社会学の立場から，無自覚に老人を社会的弱者としてみなす傾向を批判し，「老人であっても自らの意思や意欲をもって自立的に生きている存在である」（1989　pp.124～156）と述べて，地域の援助ネットワークの形成という福祉的課題を提言する．加えて，老人の情緒や社会的役割に関して生じる諸問題の背後要因として，「経済効率によって判定する価値規範」の広がりに伴う老人観の変化を指摘し，そのような時代風潮に対する批判を展開した．

杉井潤子は，自立を過剰に美化する社会的風潮が老人の「依存」を社会問題化し，介護者となった家族が老化による依存という事態を受容できない結果として，老人虐待が引き起こされる危険性を指摘した（1995　p.166）．依存的な「老人」に対比されながら称揚される自立的な「高齢者」には「過剰な自立幻想」が投影されているが，これが当事者を混乱させ，事態の悪化を招く危険性を孕んでいるのである[6]．

3　アサイラムとスティグマ化

(1)　アサイラムー全制的施設（total institution）

社会福祉に関する社会学的研究の概観から，福祉の価値をどのように構想して，政策的に実施していくかという問題に含まれる根深いジレンマを見い出すことができる．つまり，福祉的援助自体が結果として人間のヴァイタリティを奪うような結果をもたらすかも知れず，しかし，援助を必要としている人びとに対して社会は何らかの対応をしないではいられないというジレンマである．ここには，どのような社会福祉がよりよく人間の尊厳を守り，かつ政策上合理的なのかという問題も関連している．以下では，もっとも端的な福祉の逆機能に関する分析を行い，1960年代以降のアメリカにおける反施設主義イデオロギーを牽引したと評価される，ゴフマン（Goffman, E.）によるアサイラムに関する社会学的研究をみておきたい．

ゴフマンは，精神病院でのフィールドワークを通して，アサイラム＝全制的施設の機能と施設内に収容された人びとの社会的特性について詳細な分析を行った．全制的施設は，「多数の類似の境遇にある個々人が，一緒に，相当期間にわたって包括社会から遮断されて，閉鎖的で形式的に管理された日常生活を送る居住と仕事の場所」（1984　v）と定義され，①福祉施設，②精神病院・ハンセン病療養所など，③刑務所・強制収容所，④兵営・寄宿学校，⑤僧院・修道院の五つに分類される（1984　pp.4～5）．

アサイラムは，そこに収容される人びとの生活世界の全体をビューロクラティックに組織／管理することを特徴とする．被収容者の生活空間が外部の一般社会から隔離され，多くの場合，さらに施設内部の利用についても詳細な管理がなされていること，そして生活時間と生活の具体的なメニューが施設のスタッフによって管理／監視されることなどが，アサイラムにおける管理の内容である．外部の世界との物理的遮断，さらには面会や通信の制限などによって，被収容者はそれまで外部の世界で担っていた社会的役割を剥奪される．

アサイラムへの入所は，「不要部分切捨て（trimming）」から始まる．「職員が，生活史の聴取・写真撮影・体重測定・指紋採取・番号附与・身体検査・保管のための所持品申告・脱衣・入浴・消毒・髪を丸刈りにすること・制服貸与・規則説明・部屋の割当」（1984　p.18）などを行う．これらは，被収容者が自己のアイデンティティを管理し維持するための基礎部分に関する剝奪過程である．たとえば，全制的施設への入所に際して，私物の持込みが禁止される場合がある．ゴフマンによると，これはアイデンティティ・キット（identity kit）の剝奪であり，被収容者の「アイデンティティの消毒」（1984　p.21）である．衣服，身なりを整えるための道具，普段利用していた理髪店でのサービスなど，これらは人びとが自分の個人的外面―身なりや人となり―を操作するための一式道具である．これらが取り上げられたり禁止されたりして，代替の支給品が施設から提供される．これによって，被収容者は自己のイメージを他者に呈示するために重要な小道具を失い，体面を失う．

被収容者を「無力化」することを至上命題とする強制収容所と刑務所以外の全制的施設においては，施設設置の大義名分に基づいて「無力化」が正当化されているとゴフマンは次のように指摘している．「多くの全制的施設においては，無力化は他の根拠，たとえば（手洗所の使用規則と関連して）衛生，（食事の強制に関連して）生命に対する責任，（陸軍の服装規定に関連して）戦闘能力，（制約の強い獄内規則に関連して）〈安全性〉，に基づいて公式に正当化されている．」（ゴフマン，1984　p.49）

全制的施設におけるこれら諸過程によって，被収容者は自己決定，自律性，行為の自由をもつ人間であることの根幹を揺すぶられ，「無力化」される．この全制的施設の諸特徴は，精神病院や刑務所のみならず，学校や福祉施設に見い出される画一的な施設運営とも多かれ少なかれ共通している点に留意しなければならない．

(2) アサイラムにおけるアイデンティティの再編

「いずれの全制的施設も，生き生きとして人の心を捉える活動という小さな島が散在する一つの死の海と見做すことができる」(1984　p.71) というゴフマンの比喩的な論述によれば，全制的施設は「死の海」である．しかし，ゴフマンによる全制的施設の社会学的分析で注目すべき点は，その「死の海」において，被収容者が，極めて限定的でありながらも，「生き生きとして人の心を捉える活動」を志向し，ヴァイタリティとアイデンティティ，つまり自分を自分たらしめる基盤をよりましに保持すべく葛藤する様態を捉えている点である．さらに特徴的な点は，全制的施設ないし被収容者のリアリティを，安易な共感やヒューマニズムで脚色しなかった点であろう．デュルケームが提起した「社会的事実をもののように考察せよ」という社会学的方法を踏襲し，観察するままにクールに分析し記述する社会学的方法は，ゴフマンの研究に一貫している．

ところで，潜在的患者期を経て，病気の兆候が周囲の人びとにも明らかになり，入院へと進んでいく過程は，「十全の人間が次第に患者に変貌する」過程であり，また「身近な人びとも次第に後見人に変貌する」(1984　p.150) 過程である．つまり，病人自身のみならず，周囲の関係者のアイデンティティをも変容させる事態である．

病人は，入院後，「実際に精神病院の閉鎖病棟で暮らすようになってからも，道程のどんづまりまでいかないように工夫」(ゴフマン，1984　p.154) を行い，病人にみえないようにふるまったり，逆に病人らしくふるまったりなどの方策をめぐらす．病人によるそれらの抵抗は，全制的施設にあっても，自己のアイデンティティの管理や操作の能力を手放していないことを証明しようとして行われる．この努力は，しかし思惑とは裏腹に，精神病者としてのアイデンティティを強化すると思われる．そして，多くの場合，次第にそのような努力を放棄し，全制的施設における慣習に沿った自己呈示を始め，「腰を落ち着ける」．病人は，精神病院において，「自己の防衛可能な像を，構築され・失われ・再形成される」(ゴフマン，1984　p.173) のである．

いずれにせよ，これらは，全制的施設のシステムが被収容者のアイデンティティを再編する力を有しているということのしるしである．精神病院でみせる病人たちの状況的不適応なふるまいは，「怒りや離反の気持ちを表現するごくあたりまえの手立てが奪われて，それらの感情を表現するだけのちゃんとした理由を与えられぬ場所に閉じ込められた」結果の，「最後の手だて」（ゴフマン，2002　p.153）である．

(3) スティグマ化

スティグマは，ゴフマンによると，「不面目」であり「人の信頼をひどく失わせるような属性」である．しかし，このスティグマという概念の核心は，「属性ではなくて関係を表現する言葉」（2001　p.16）というところにある．ゴフマンによれば，スティグマは次の二つの場合，つまり，スティグマのある者が，① 自分の特異性が他者に感知されている／感知可能であると仮定している場合，つまりすでに信頼を失った者（the discredited）である場合と，② 自分の特異性が他者に感知されていない／感知不可能であると仮定している場合，つまり信頼を失う事情のある者（the discreditable）では，大きな違いがある．ちなみに，ゴフマンによるスティグマの3分類を概観しておくと，スティグマは，① 肉体上の奇形，②「精神異常，投獄，麻薬常習，アルコール依存症，同性愛，失業，自殺企図，過激な政治活動などの記録から推測される」性格上の欠点，③ 人種，民族，宗教など，集団に帰属されるトライバルなスティグマの三つに分けられる．

社会福祉の領域では，生活保護受給者に対する蔑視を典型とするようなスティグマ化が生じてきた．その他，ハンセン病などの問題を含めて，特に困窮した人びとへ付与されるスティグマ，さらには福祉の対象者自身が自らに対して付与するスティグマが紹介されることが多い[7]．スティグマの概念は，福祉施策の運用上で生ずるそのようなスティグマももちろん射程に含んでいるが，それ以上に関係性の問題や相互行為論的な視角を示している[8]．スティグマのある者は，相互行為状況においてさまざまなアイデンティティ操作を試み，スティグマのない常人のふりをする場合があり，逆にスティグマがないと仮定していた者も，場合によってはある属性に対してスティグマ化されうるのである．

このスティグマの概念は，高齢者福祉に関連して，イデオロギー的側面とミクロなケアの相互行為論的側面に当てはめて応用することができる．たとえば，特別養護老人ホームにおける丹念なフィールドワークを行った天田城介は，「1970年代における『老人』から『高齢者』へのネガからポジへの価値転換はかつての高齢者像の呪縛からの解放を謳いながらも，いよいよ他者によるケアに依存しなくては生きられない状態となった『老い衰えゆく人々』を『医療』『福祉』の世界に囲い込む結果となった．すなわち，老い衰えていく〈他者〉としての『痴呆性老人』を新たに発見／創出した」（2003　p.108）と述べて，いわゆる「老人神話」の逆機能としてのスティグマ化を指摘している．さらに天田は，「『痴呆性老人』とは，“おかしなことを言ったり”，“不可解な行動をする”から相互作用秩序を侵犯するのではなく……我々が相互作用秩序を維持・達成するために，あるいは我々が自らのアイデンティティを価値あるものとして証明しようと躍起になるために，“おかしなことを言ったり”，“不可解な行動をする”者たちを『痴呆性老人』と名付け＝カテゴリー化して，排除しているに過ぎない」（2003　pp.187～188）として，エスノメソドロジー的な視角から「『痴呆性老人』理解」の差別的性質に言及している．特別養護老人ホームでは，利用者に対する「記憶のテスト」や「幼児化」，あるいは「親密性の擬制化」が慣習となっているケースが多々見受けられるが，これらのふるまいによって，利用者の一般的市民としてのアイデンティティは侵犯される．施設における善意のケアが意図せざる結果としてスティグマ化を引き起こす様態を，天田のエスノグラフは明らかにしている（2003　pp.198～212）．

以上，本節でみてきたアサイラムにおける処遇，アサイラムにおける被収容者のアイデンティティの再編，そしてスティグマ化という三つの要素を含むものとして，施設化の病理を捉えておきたい．

4　脱スティグマ化への実践

(1)　脱施設化（de-institutionalization）

本章第1節で，社会福祉サービスの大きな流れが「施設」から「地域」へと転換したことを指摘した．地域における居宅サービスへの方向転換は，ノーマライゼーション，コミュニティ・ケアという理念と実践をとおして推進されてきた．また，施設内においても，個別処遇やさらなるニーズの尊重が重視されるようになったことをうけて，2001年に厚生労働省は，従来原則4人部屋であった特別養護老人ホームを完全個室化する方針を決定し，ユニット・ケアを推奨している．この厚生労働省の方針に沿って施設運営の改善を図っている場合も，完全個室化に反対しながら，独自の方針でよりよい施設ケアの実現をめざしている場合もある．いずれにしても，施設か在宅かという二元論をこえて，〈施設外へ〉と〈施設内を〉の二つのベクトルをもった新しい「脱施設化」の運動が，ほかならぬ施設を中心にしてラディカルに取り組まれている[9)]．

「いつでも『全制的施設』に転化してゆく危険性を孕むものとして特別養護老人ホームを理解し，同時に，（そうした事態を回避するために）いかなる空間として位置づけることが可能かを問うこと」（天田，2003　p.164）という指摘を踏まえ，以下では，特に高齢者福祉の実践現場を，「収容の場」ではなく，可能な限りふつうの「生活の場」であるようにする不断の努力をみていきたい．

(2)　「善い施設」へ――特別養護老人ホーム園田苑の実践――

特別養護老人ホーム園田苑は，1988年に尼崎市東部の園田地区，藻川を臨む住宅地に開設された．園田地区は沖縄出身者の集住する戸ノ内とも近く，地区内に住む沖縄出身者は多い．また，この市域は在日コリアンの居住者が多いことでも知られている．園田苑が開設される以前の同地は朝鮮学校であった．多文化が混在する地域であり，「東アジア的な価値観に基づく高齢者福祉」を目標の一つとして掲げている点でもユニークである．

計画当初，「『自分が利用，入居したくなるような施設づくり』といった視点は皆無」で，「建設費はできるだけ安くあげること，準備にかける人件費は最低限が至上命題」（中村，2004a　pp.14～15）であったと述懐されているが，これは当時ではごく一般的な特別養護老人ホームのあり方であった．開設以来施設長を務める中村大蔵は，国内外の医療・福祉施設を訪ねて，研究を重ねた．そして，施設運営全般を地域との関わりの中で考え，日々の運営に職員をはじめ，ボランティア，地域住民，実習生などの多様な人びとを巻き込んでいくことで，経営至上主義と施設化に傾斜する可能性を孕む一般的な特別養護老人ホームと一線を画す施設をめざして，さまざまな試みを重ねてきた．園田苑は「地域一体型」であると中村はいう．この「地域一体型」とは実質的にどのようなことを指すのであろうか．

これはたとえば，筆者が初めて園田苑を訪問した折，道を尋ねた商店の方が，ていねいに道を教えて下さった後，「ちょっと前亡くなったうちの家内も，（園田苑で）世話になりました」と言い添えられて，その後しばしの身の上話になったという小さな経験からも語りうる．この経験から，園田苑の特徴に関して重要な2点を指摘しておきたい．第1に，地域社会における園田苑の外観，つまりランドスケープの問題である．筆者は尼崎市園田地区に隣接する小田地区で長く生活した関係上，藻川にかかる園田橋を徒歩で往来する機会も多かったのだが，園田苑を特に認めたことはなかった．つまり，園田苑の建物自体，地域の景観に溶け込んでいるのである．第2に，道を教えて下さった近隣の商店の方が，園田苑を利用しながら配偶者の最期をよりよく看取ることができたと語ったことの意味である．ここで想起しておきたいのは，福祉施設の利用のみならず，たとえばホームヘルプサービスの利用なども，スティグマ化される場合があるということである．社会福祉協議会が提供するホームヘルプサービスの名前などが書かれた業務用自動車やバイクを家の玄関前に駐車することが「世間体が悪い」として，利用者やその家族が拒否するという話は珍しくない．園田苑の元利用者家族のひとりが，何気ない日常の語り口で特別養護老人ホームを話題にすることの意味は決して小さくない.

「地域一体」と苑の名称の関係についても触れておきたい.「特養園田苑の運営にハンセン病療養所から得たものは多い」という中村は,「国内に十三ヶ所ある国立療養所のネーミングで,一番多用されている漢字が愛である.……特養など老人福祉施設のネーミングもしかりである.悠や楽もよく使われている」(2004a　pp.12～13) と指摘している.「実践されてこそスローガン」と主張し,美名が多用される多くの隔離施設の轍を踏むことを拒否するかのように,園田の地名を生かした園田苑という名称になっている.「『福祉』施設とハンセン病療養所の原形は監獄にあり」(2004b　pp.2～3) という中村の持論は,日々の実践によって,監獄つまり全制的施設のありようからできるだけ遠く,ふつうの暮らしに近づけるための努力の下敷きである.

地域社会の特養施設を追求する努力の中では,福祉施設に向けられるまなざしの奇妙な錯綜ないし分裂に遭遇することもある.三好春樹の提唱する「生活リハビリ」に共鳴した中村が「できるだけオープン」な特養にしたいと話したところ,市役所の担当官は「外来者が多ければ多いほど,持ちこまれる病気も多くなる」(2004a　pp.15～16) と答えたというエピソードが紹介されている.実際,多くの特別養護老人ホームの受け付け玄関には,速乾性の消毒剤が備えられ,風邪が流行する季節には,施設内衛生のために風邪などに罹患中の面会者は断るという張り紙が掲示される.他方では,看護学校の実習生からは「入居者のオシメ交換を素手でやっているのは,感染症対策上問題である」(2004a　p.16) という意見が複数あげられてきたという.外部から侵入する「脅威」とは別の水準で内部の「脅威」が発見され,それぞれが異物として忌避されているのである.

中村は「施設をあたかも無菌保護室のようにとらえながら,一方では,病者集団室のように思い込んでいるのは,役所の職員や看護学校の学生だけではない.地域からの訪問者もその多くが『お大事に』を施設入居者への別れのあいさつとしている」(2004a　p.16) と,施設に差し向けられるさまざまなスティグマ化の実態を指摘している.

できるだけオープンにしたいという園田苑の方針は，苑内の雰囲気に具体的に表れている．ボランティア，実習生，家族，その他訪問者が多数来訪し，しかも職員はネームプレートを付けないので，利用者と混在している．また，園田苑では室名プレートも外しているが，「それで老人たちが施設内を右往左往したことなどない」(2005a　p.16)．食事は，職員と利用者がほぼ同じ時間帯に同じテーブルでとる．「苑の冷蔵庫は誰があけようとも勝手であり，何を入れようとも何を食べようとも，誰のものを食べようともいちいち詮索しないのがわが家風」(2004c　p.16) という．次の印象深いエピソードには，園田苑がめざす施設のあり方やケアの理念が示唆されているように思われる．

> 「園田苑のインフルエンザ対策の根幹は，毎日のミカン食べ放題である．11月末から翌年２月末までがそのシーズンである．毎日10kg のハコが二つはなくなる．多いときで三つである．……施設では，ミカンでも何でも食べ放題が一つくらいあっていい．……ミカンは食堂で食べるだけではなく，各自お部屋に持ち込んで“備蓄”されている．……さらに，テーブルに置かれたミカンがよく無くなる時間帯は，食事時とは限らない．夜間だってよく無くなるのである．老人にも密やかな楽しみがあっていい．」(2004a pp.16～17)

⑶ 「ケアと暴力」をこえる方法

施設における管理と抑圧を最小限にとどめようとするどのような努力にも，施設の性格上，どうしても引き受けざるを得ないネガティブな要素がある．「『家族』のような親密性が擬制化され，それに基づいて抑圧的な実践が行なわれる一方で，“我々と利用者は家族ではない，あなたは施設利用者である”というメッセージ」(天田，2003　p.212) がつきまとうという事態を回避することはできないであろう．この施設ケアのアポリアを熟知した上で，より人間らしい介護をめざす中村は，「家族的な処遇だとかアットホームだとか」(2005a p.15) という実現不可能な言葉の欺瞞をつく．さらに，近年報道される機会が多くなった介護施設における事故にひきつけて，「家族介護の悲惨さ（無理）を強調する識者がよく使う『介護者が被介護者に殺意を抱いたことがある』の例えは，施設においてできもしない『家庭的介護』を標榜するところではもっといびつな形で現実化する」(2005b　pp.2～3) と警鐘を鳴らしている．ケア・スタッフの「思いやり」に満ちた，パターナリスティックな介護理解に基づく日々の介護労働は，暴力に転化する可能性を含んでいる．この「ケアと暴力」の相関をできる限り縮減するために，理論と実践が精錬されねばならない．

清水哲郎は，医療をケアとしてとらえる立場から，ケアを〈する側〉から〈される側〉への一方的な働きかけではなく，「両者の共同の活動」として〈する－される〉の差別化の解消を図ること，さらには，「現にある二者間の共同作業として立ち現れているケア活動を，より広い人間の〈共に生きる〉共同体のネットワークの中でなされていることの一角として」(2005　pp.127～128) 理解することにより，ケアの互恵性の確立を求めている．介護もまた「人と人とのかかわりの中でのみ成立する」(中村，2005b　p.3) ということを踏まえながら，介護という関係性を反省的に考察すると，先にみたスティグマの問題が再び浮上する．

ゴフマンは，「不当に自分を開示」し，「コミュニケーションに関する紳士協定を根本的に破る人」は，「他人がこの人に近づいてはいけない理由がなくな」り，つまり「近寄ってくる人を遠ざける資格を喪失」すると述べている．具体的には，泥酔者や職業的ダンサーの一部を想起すればよいであろう．それらの人びとは，一般的な市民が保持している「神聖な不可侵性」，すなわち自己を維持し，防御する社会的砦が損なわれているか，あるいは一般的水準の機能を果たしていないという状態にある．だから彼らは，気安い，または過剰な身体接触や言葉かけ，遠慮のない視線に無防備なまま晒されている．この問題は介護というコミュニケーションにも根深く係っている．というのも，気安く声をかけたり，何気なく触れたり，食事や排泄で接触したり等々，介護の内容はまさにゴフマンが指摘する紳士協定外のふるまいにあてはまるからである．ゴフマンは，「子どもと老人は自分の過失でこの神聖な不可侵性が拒否されるのではなく，子どもはマナ (mana)[10] をまだ獲得していないためであり，老人はもうそれを失ったためなのである」(1980　p.149) と説明している．

介護という相互行為状況におけるこのミクロな剝奪ないしスティグマ化を超える方法は，すでにいくつか指摘されて，実際に試みられている．まず理論的には，ゴフマンによって失ったとされた高齢者のマナを再発見するか，あるいは再構築することにより，介護をする側とされる側を同じ人間としてフラットに位置づけようとする議論である．たとえば天田は，「確かに，老い衰えゆくことは，〈個人〉にとっては否定的な出来事に違いないのだが，人と人の〈あいだ〉においては〈歴史〉となり得るし，積極的な意味を結実することを可能にするのである」(2003　p.105) と論じている．

もう一つの方法は，介護する側と介護される側の関係を職員－利用者という二者関係にとどめず，可能な限り拡散させるという戦略的方法である．園田苑では，職員以外にさまざまなボランティアや実習生が利用者と関わっているが，これは介護関係の拡散であり，人間関係の豊富化をもたらすものである．特に，園田苑開設以前から活動が開始されたボランティアグループ「園」[11] をはじめ複数のボランティア団体が，居酒屋，喫茶，趣味の会等々，思い思いの活動を展開している．中村は，「ボランティア活動は自らが自らの生き甲斐を創り出す営み」といい，ボランティアは施設職員の補助ではなく，「ボランティアと施設は，新しい時代をつくるよきパートナーであり，両者は対等，平等，互恵の関係にある」(2004a　pp.9～10) と明確に位置付けている．この理念と園田苑全体の雰囲気が多くのボランティアをひきつけ，そしてまた新しいボランティアが育っている．助ける者が助けられる共助のかたちをボランティアが施設に持ち込み，それが職員や実習生，訪問者などへと波及し，福祉の実践現場における人と人の関係性の重層化と「福祉」実践という行為自体の意味の多元化につながっている．そのような日々の営みが居住の場としての特別養護老人ホームが施設化する可能性を縮減し，園田苑の利用者がこれまでそれぞれに生きてきたような街場の喜怒哀楽を新たに生み出す素地となりえているように思われる．

本章を終えるにあたって，再び先行研究に触れておきたい．庄司興吉は，「社会経済的な格差ばかりでなく性差や年齢をも超えた共生への展望」と「根源的贈与としての社会」(1998　pp.3～4）の可能性を福祉社会に見い出し，渡邊益男は「福祉の観点は，贈与を中心とし，しかも同じ贈与の中でも無辜（無垢）の贈与の価値をもって，贈与交換の世界，交換の世界に内在化せしめていくところにある」(1998　p.37）と論じている．しかし，考察してきたように，実際の介護場面にある〈する側〉と〈される側〉が対等に在るためには，不断の工夫が必要である．属性や世代を超えて，今まさに困っている人から順番に，それぞれの個人に固有のライフ（生命／生活／人生）に必要なものが支援される仕組みが求められる．このような希望を実現するための試みは，一部の先駆者によってにぎやかに始められている．

・注

1）厚生労働省「日本人の平均余命　平成16年簡易生命表」における「平均寿命の国際比較」によると，日本人の平均寿命（2004年）は男78.64，女85.59，アメリカ（2002年）男74.5，女79.9，韓国（2002年）男73.38，女80.44，中国（2000年）男69.63，女73.33，アイスランド（2001～2004年）男78.8，女82.6である．

2）負担額は，住民税や所得額など一定の基準に応じ，４つの段階に定められている．

3）厚生労働省大臣官房統計情報部編 2005『平成15年度社会福祉施設等調査報告上巻』財団法人厚生統計協会，pp.38～41．また，朝日新聞社の調査によると，特別養護老人ホームの待機者は，介護保険制度導入以前の1998年約４万7000人（厚生省調べ）から2002年12月約23万3000人と，約５倍増加している（『朝日新聞』2003年２月５日付参照)．これは，在宅介護重視を掲げた介護保険の趣旨とは逆に，施設ニーズが高まったということを示すデータである．

4）福祉国家と優生思想の根深い関連についてここで論じることはできないが，「社会福祉の病理」として看過し得ない問題である．詳細は，市野川容孝 1999「福祉国家の優生学―スウェーデンの強制不妊手術と日本」『世界』(1999年５月号，pp.167～176）を参照していただきたい．

5）「…〈囲い込み〉のなかで福祉が成長する．〈囲い込み〉の〈収容所化〉である．『わが街』という意識のもとにコミュニティが形成される．しかし，これらは結果としてますます〈囲い込み〉を強化することにつながる．寿地区に適応すればするほど〈囲い込み〉の外に出づらくなってしまう．」(矢島，1987　p.204)

6）春日によると，「長寿社会を生きる私たちに求められる『自立』とは，必要であれば正々堂々と世話を受け，人に『依存』できる力こそ『自立』能力だという，きわめて当たり前の『自立観』を社会的に確立していくこと」(春日，2000

b　p.73）である．

7）たとえば，西尾裕吾 2003「スティグマ」『現代福祉学レキシコン　第二版』雄山閣 p.156.

8）「常人とか，スティグマのある者とは生ける人間全体（person）ではない．むしろ視角（perspective）である．…それらは…さまざまの社会的場面で，両者が接触する間に算出されるものである」（ゴフマン，2001 p.231）.

9）アメリカの精神医療福祉における「脱施設化」については，杉野昭博 1994「社会福祉と社会統制」『社会学評論』（第45巻第1号，pp.16～30）を参照していただきたい．

10）ゴフマンが用いるマナという概念は，デュルケームの宗教社会学研究から継承されたものである．ゴフマンは，日常生活における人と人の関わりを相互行為儀礼（interaction ritual）としてとらえて分析したが，この儀礼を通じて個人に賦与され，維持され，時に剥奪されるものがマナである．

11）ボランティアグループ「園」は，1988年以降5年ごとに記念誌を発行し，2003年には『十五周年記念誌「園の窓」』が刊行された．筆者の園田苑初訪問の折に，最初に話した女性は喫茶コーナーをしていたボランティアグループ「花みずき」の方であった．ひとりのボランティアが複数のグループを掛け持ちし，好きな活動に参加する様子，そして園田苑の近隣に建設予定である福祉施設のボランティアは，園田苑に出入りするベテランのボランティアが「種を植えておいて，後は好きにやってもらう」方式で，新しい地域で育てるという計画をお聞かせいただいた．

・引用文献・

Goffman, E., 1961, *Asylums : Essays on the Social Situation of Mental Patients and Other Inmates*, Doubleday.（石黒毅訳 1984『アサイラム―施設収容者の日常世界』誠信書房）

Goffman, E., 1963, *Behavior in Public Places : Notes on Social Organization of Gatherings*, The Free Press,（丸木恵祐・本名信行訳 1980『集まりの構造―新しい日常行動論を求めて』誠信書房）

Goffman, E., 1963, *Stigma : Notes on the Management of Spoiled Identity, Prentice-Hall*.（石黒毅訳 2001『スティグマの社会学―烙印を押されたアイデンティティ―』せりか書房 ）

Goffman, E., 1967, *Interaction Ritual : Essays on Face-to-Face Behaviour*.（浅野敏夫訳 2002『儀礼としての相互行為』法政大学出版局）

Persons,T., 1964, *Social Structure and Personality*, Free Press（武田良三監訳 2001『新版　社会構造とパーソナリティ』新泉社）

天田城介 2003『〈老い衰え行くこと〉の社会学』多賀出版

今田高俊 2004「福祉国家とケアの倫理―正義の彼方へ」塩野谷裕一・鈴木興太

郎・後藤玲子編『福祉の公共哲学』東京大学出版会
金子勇 1997『地域福祉社会学　新しい高齢社会像』ミネルヴァ書房
春日キスヨ 2000a『介護にんげん模様―少子高齢社会の『家族』を生きる』朝日新聞社
春日キスヨ 2000b『家族の条件―豊かさのなかの孤独』岩波書店
蓮見音彦 1987「現代日本の社会問題と公共政策」『日本の社会 2　社会問題と公共政策』東京大学出版会
宝月誠 1998『社会生活のコントロール』恒星社厚生閣
松本寿昭 1989「農村の老人自殺とその家族的背景」日本社会病理学会編『現代の社会病理Ⅳ』垣内出版
中村大蔵 2004a『人は人に関わってはじめて人となる』関西よつ葉連絡会，よつ葉共済会
中村大蔵 2004b「老人福祉施設を刑務所化してはならない」『続・のびのびくらす』vol. 3（通巻54号），のびのび委員会（地域型高齢者協働居住推進委員会）
中村大蔵 2004c「記録は夜作られる」『こぺる』第141号，こぺる刊行会，阿吽社
中村大蔵 2005a「尼崎だより⑬医療と介護の「不幸な」出会い」『こぺる』第143号，こぺる刊行会，阿吽社
中村大蔵 2005b「日々量産される介護施設での事故　これは他人事ではない」『続・のびのびくらす』vol. 6（通巻57号），のびのび委員会（地域型高齢者協働居住推進委員会）
奥田道大 1983『都市コミュニティの理論』東京大学出版会
庄司興吉 1998「福祉社会の家族と共同意識―市民共和の福祉社会のために」青井和夫・高橋　徹・庄司興吉編『福祉社会の家族と共同意識―21世紀の市民社会と共同性：実践への指針』梓出版社
杉井潤子 1995「老人虐待をめぐって―老人の『依存』と高齢者の『自立』」井上眞理子・大村英昭編『ファミリズムの再発見』世界思想社
清水哲郎 2005「ケアとしての医療とその倫理」川本隆史編『ケアの社会倫理学』有斐閣選書
高橋正人 1989「老人の社会病理」日本社会病理学会編『現代の社会病理Ⅳ』垣内出版
富永健一 2001『社会変動の中の福祉国家』中公新書
渡邊益男 1998「福祉社会の贈与論的基盤―贈与と交換をめぐる理論と福祉における関係性把握」青井和夫・高橋　徹・庄司興吉編『福祉社会の家族と共同意識―21世紀の市民社会と共同性：実践への指針』梓出版社
山手茂 1989「家族の病理」日本社会病理学会編『現代の社会病理Ⅳ』垣内出版
山手茂 1996『福祉社会形成とネットワーキング』亜紀書房
矢島正見 1987「囲い込まれた街，横浜寿地区ドヤ街」日本社会病理学会編『現代の社会病理Ⅰ』垣内出版

第8章
家庭の中の暴力と社会病理
—「行動化としての暴力」の脱学習へ—

1 はじめに

家庭内暴力には多様な顔がある．家族は暴力を通して，その生々しさ，エゴイズム，エネルギーをあらわす．だから小説や映画という表象の方がリアルにその姿を捉えることができるのかも知れない．しかし，「事実は小説より奇なり」という言葉もある．たしかに，家庭内暴力は，芸術家の想像を超えるほどの，錯綜した関係性の中から生成する．その相互作用の襞に分け入りつつ，なおかつ，社会的に理解可能な言葉でそのリアリティを開示することに社会病理学者の仕事が役立つ，と思いたい．

ここでは，社会病理のリアリティが凝縮されているものとして家庭内暴力を位置づけてみる．それを家族の相互作用におけるケアの視点からみてみたい．家庭内暴力はストリート・バイオレンスとは異なる力動をもって発生する．それは家族の相互作用といえるが，その中心にあるのはケアという相互行為である．親しい者同士はその距離の近さゆえに，罵りあい，憎しみあうことになりがちだ．もちろん，それは，いたわりあい，支え合うことと裏腹な関係にある．「分かってほしい，こんなふうにしてほしい，関わってほしい」という感情がそこに介在し，家庭内暴力の独特さがつくられていく．家族以外の人に同じような行動をしたり，感情を抱いたりすることはできないのに，親しい間柄の家族ならばいいだろうという感覚が，不法行為や犯罪としての虐待や暴力への感受性を鈍らせていく．

ここでは，ドメスティック・バイオレンス（配偶者間暴力のことを意味する言葉として定着している．以下，DV と表記する）に焦点を当てつつも，広く家庭内暴力のことを念頭におきながら，社会病理学的な検討を加えていきたい

（筆者の基本的なアプローチについては，中村正，2001，参照）．

2　家庭内暴力対策の経緯と特徴

(1)　家庭内暴力についての新しい法律の制定

少し考えてみて欲しい．毎日といってもいいほど，どこかで発生する殺人事件のことを．家庭内暴力という要素がからんでいることが多いことに気付く．殺人の半数近くは近親者同士で発生する．加害者は，思春期や青年期のわが子や父親あるいは夫であることが多い．虐待の場合は母親であることもある．老老介護に疲れた老いた夫婦の「心中」（他殺と自殺の組み合わせ）もある．離婚した夫婦の元夫が復縁を迫って拒否され，暴力や殺人となることもある．恋人同士の暴力もある（デート・バイオレンスという）．家族同士，元夫婦や恋人，恋人をめぐる男性同士の争いなど，殺人事件の多くには愛情と憎悪が入り交じる関係性が背後にある．「痴話話」「夫婦喧嘩」「いきすぎたしつけや体罰」「愛情のもつれ」ではすまされなくなってきた．この数年の間に，これらの問題に対応するための法律が矢継ぎ早に制定された．もちろん殺人や傷害の罪となるのだが，こうした行為の心理社会的背景を考慮すると，刑法とは別の次元での対応が必要だからである．

「高齢者虐待の防止，高齢者の養護者に対する支援などに関する法律」（平成17年）は，家族などの養護者と老人福祉施設の介護従事者に高齢者の虐待を禁止したものである．高齢者の身体に外傷が生じるような暴行，適切な介護をせずに放置すること，暴言を吐くこと，拒絶的な対応をすること，心理的外傷を与える言動，高齢者の財産を不当に処分することなどを禁止する．

「配偶者からの暴力の防止及び被害者の保護に関する法律」（平成13年）は，「身体に対する暴力，これに準ずる心身に有害な影響を及ぼす言動」を対象にしている．離婚後の元配偶者同士も含まれる．

「児童虐待の防止などに関する法律」（平成12年）は，暴力を加えること，児童にわいせつな行為をすること，児童をしてわいせつな行為をさせること，子育ての放棄，拒否，長時間の放置（ネグレクト，つまり養育拒否）を対象にしている．さらに，親が子の面前でDVをふるった場合は，目撃体験となり，そのことも心理的外傷を与える可能性があり，虐待の範囲とした．もちろん，虐待についての法律の歴史は古く，この法律が初めてのものではない．強制労働，間引き，身売り，貰い子殺し，捨て子などがあり，貧しさそのものを反映した虐待をなくすために，第2次大戦前に児童虐待防止法（昭和8年）が施行されたことがある．もちろん，児童福祉の諸法は常に虐待防止が目的であることを忘れてはならない．

また，関連する法律としての「ストーカー行為などの規制などに関する法律」（平成12年）は，同一の者に対し，つきまといなど（身体の安全，住居などの平穏もしくは名誉が害され，または行動の自由がいちじるしく害される不安を覚えさせるような方法により行われる場合に限る）を反復してすることが取り締まりの対象となっている．まちぶせ，監視，不快または嫌悪の情を催すような，たとえば，何度も電話をかける，汚物を近くに置くなどの具体的な行為があげられている．

(2)　親密な関係での暴力に介入するための「分離」という方策

これら諸法には共通点がある．第1に，放置しておけば被害者にさらなる暴力が加えられるおそれがあるので，虐待的な事実を認めたのち，いったん分離するという命令を出す点である．DVの場合は保護命令（加害者に住居から立ち退くことを命じる退去命令と被害者への接近を禁止する命令），子ども虐待は一時保護，親子分離などの措置となる．高齢者虐待の場合は要介護状態にある老人を福祉施設などに一時保護する措置である．ストーカー行為には，つきまといなどの行為を禁止し，ストーカーに対して，被害者への接近を禁止する命令が出される．つまり，親子や夫婦など家族同士が被害と加害の関係にあることに配慮した，さらなる危険の事前防止の措置であり，将来への措置という性格を帯びている点である．罰は過去の行為に対して加えられるべきものであるが，家庭内暴力の場合は過去から未来へと連続した加害を想定した対応となり，彼の未来を罰するわけにはいかないので，民事上の命令を出してさらなる暴力を防ぐという形態となっている．

第2に，暴力の定義が広いという特徴がある．性的な暴力，そして心理的・感情的・言語的な暴力を想定している．さらに，子ども虐待に関しては，先述したようなDV目撃体験も虐待としているので，その被害の確定はさらに将来にわたる長期のものを射程に入れている．被害感情や将来の被害などをも考慮した広義の定義となっている．裁判では，心的外傷（PTSD）を根拠にして損害賠償請求が行われたりするので，法と心理の新しい問題を提起することになった．家族をはじめとした親密な関係を法化するということは，感情と心理，ケアやしつけ，ジェンダー的な意識や態度などに随伴する行為を対象にし，そこに働きかけるアプローチが求められるということを意味する．本来は明晰さが求められる法律に不確定な要素が入り込み，グレイゾーンを拡大させている事態だといえるだろう．

第3に，被害者を救済する仕組みは社会制度全体の再点検を必然化させるという点である．たとえば，DVの場合，保護命令を受けて，加害者である夫から逃れて生活している母子が生活保護を申請した際には，扶養義務者（この場合は離婚をしていないので，夫となる）への照会をしてはいけない．DV法が分離を意図しているのに，福祉の法律は統合を求めているからだ．同じく，加害男性が警察の窓口に自分の暴力から逃れている妻の家出人捜索願を提出しても，これをそのままで受け取ることはできない．その他，分離の方針に則して，公営住宅の優先入居，DVを受けている外国人女性の保護優先（入国管理における通報義務の一部免除）などが実施されている．つまり，家庭内暴力に対応するためには，社会全体にわたる既存の制度の見直しが必要になる．とりわけ，社会というシステムにとって，家族がユニットとして機能している点が難点である．個人にではなく，家族という集団に力点をおいた社会制度が家庭内暴力への社会的介入を困難にしている．

第4に，加害者への有効なアプローチが未形成のままであるという点である．子ども虐待の場合は親への指導，DVの場合は加害者更生施策，高齢者虐待の場合は養介護者などへの適切な指導や介護環境の整備，ストーキング行為の場合は接近を禁止する命令の実効性の確保など，加害者対策の課題は山積している．子ども虐待については虐待する親への指導の課題（家族再統合プログラムの充実など），DV 加害については非暴力にむけた脱学習プログラムへの誘導，高齢者虐待については成年後見制度の権利擁護の仕組みの活用など，社会の側での体制整備が必要となる．

加害者対策に慎重になっているのは，家庭内暴力における暴力の定義に由来する．先述したように，DV 防止法が，暴力を心身に影響を与える行為と定義している点，そして，虐待防止法が心理的暴力や子どもが DV を目撃することも虐待だと定義している点である．広い意味での暴力が対象化されているのである．さらに，最近では，モラル・ハラスメントとして精神的暴力（日常的に暴言を吐く，家事や育児を命じてうまくいかないと激しく非難するなど，他者の尊厳を脅かす行為．身体的暴力を伴わないことが多い．）として定義する考え方も有力となるなど，暴力の定義は広くなっている．しかし，それに対応する加害者の罪が確定しにくい．言葉を換えれば，加害者の処分や処遇が被害の「総量（とくに心理的感情的被害）」に見合うようには形成されていないし，また，されにくい．被害が広く定義され，加害には狭い対応しかなされないとなると，現在の分離主義は憎悪感だけが増幅していくように機能する．家庭内暴力に特有の被害と加害の関係である．

これら 4 点の特性を踏まえて家庭内暴力対策を考えると，親密さを中核とする私的領域と家族の問題への公的介入という新しい課題設定が必要となるだろう．私は「親密さに関する新しい公共性」をつくることが大切だと考えている．家庭内暴力への対応は，こうした困難な課題を法化し，対象化したということなのである．後戻りはできないので，親密さについての新しいルールをつくることが肝心だ．家庭内暴力の加害に対応した新しい罪（DV や虐待の罪）を創出し，それに基づいて，心理的な被害やモラル・ハラスメントにも対応する制度が，被害の救済制度と加害者対応も含めてできあがるとよい．それが「親密さに関する新しい公共性」という意味である．そのことを考えるために，家庭内暴力が社会的相互作用において構築される感情的行為としてのケア行動に随伴する側面についてみておきたい（中村，2007参照）．

3　ケアをめぐる相互作用と暴力

夫婦と親子から成る家族は，福祉的機能追求の場と観念されることが多い．それは「ケアの場」ということを意味する．身体接触やふれ合いなどを介して親密さを形成し，育児，養育，介護や看護などのケアニーズを満たすという相互行為がそこにある．ここでは，感情的心理的相互作用が前景化する．ケアをめぐって特徴づけられる家族に独特な相互作用や関係性である．だから，家人は他者として認識されにくい，あるいは，他者性を帯びていない他者ともいえるだろう．さらに，愛着関係にある者同士には甘えと依存（退行）という現象が生じやすい．相互依存の心性を肥大化させ，相互に拘束しつつ愛情を交歓するという独特な感情的関係ができる．そうした感情交流の場として観念される家族の姿がある．愛すること，育むこと，支えること，期待しあうこと，励ますこと，看取ること，援助することなどの家族の関わりの多くは，ケアする－ケアされるという相互行為の連続である．ここでのケアは，育児や介護・介助という焦点の明確な行為だけではなく，〈配慮しあう〉という抽象的なものも含んで使っている．この関係性において発生するのが，家庭内暴力である．私はこうした家族の相互作用の特質を次のように整理したことがある（中村，2004d 参照）．

第1は，夫婦と親子（3世代にわたることもある）というジェンダーと世代において異なる利害を有した者が共在していることである．関係の非対称性という．子ども，高齢者，障碍者，女性（この場合は経済的に弱者であることやジェンダー意識の作用による妻の従属化などを念頭においている）が想定されるだろう．この非対称性は，家族の中では虐待と暴力を受けやすい関係性となる．ジェンダーと世代は社会的変数なので，その非対称性は力と資源の不均衡を含んでいる．そこにケア関係という福祉的機能が作用すると暴力誘発性が高くなる[1)].

第2は，そのケアの相互行為に随伴する感情がある．ケアする者あるいはケアされる者が時に保持してしまう，意のままにならない事柄や相手の状態，あるいは期待にそぐわない行動により喚起される否定的な感情のことである．これを陰性感情という．愛着関係のある特定の他者に向かう，暴力につながりかねない否定的な感情である．これはケアする行動，指導する行動，しつける行動などに随伴する．家庭内の育児，介護や家事をめぐってケアする者の意識や感情が優勢となり，意のままにならない事態に直面すると，ケアする者がそれをケアされる者に投影する．こうして陰性感情が昂じていく．その不適切な解消方法の選択肢として暴力や虐待が選ばれることがある．

DVの場合，このケアの関係は少々異なる．食事や家事の際に，妻が夫をケアする役割を期待され，担う．これをドメスティック・サービスとよぶ．子どもから親に暴力が向かう思春期青春期暴力では，親が子どものいいなりになり，暴力を甘受してしまう．子どもは意のままにならない何らかの出来事や自分の苛立ちを親に向ける．退行現象ともいうが，依存と自立と甘えが交差した結果の感情発露である．親は事を大きくしまいとして，それを受け入れてしまう．夫や子どもが期待する安らぎ（甘えと依存でもある）が得られない時に暴力が起こりやすい．

第3に，ケアの相互行為は個体間距離を短くする．家族に期待される福祉的機能は家族の絆として観念される．身体と直接関わるケアが行われ，私的な領域ではプライバシーの垣根が低いことを意味する．夫婦であれば性の営みもある．愛着的な機能を果たす家族という感情共同体として意識されるような交歓性がある．愛憎の同居する者同士が相互に承認を求め，愛情を確かめ合い，自分の理想を投影し，親密さに求めることを恣意的に設定し，自分の育った家族のイメージを相手に求めたりしながら，感情を交差させる場所として家庭がある．

第4は，家族が閉じたシステムとなりやすいことである．人間の再生産の場所としての家族は，先に指摘したように，ジェンダーと世代という社会的変数

（社会的役割）から成る，二重の非対称性を内包した，システムとしては「強い絆」をもつ集団である[2)]．しかも，外部に対しては閉じたシステムとなっている．つまり，暴力や虐待が内閉化されやすいということである．

4　関係性を可視化させる－シークエンスとライフスタイル

(1)〈関係性〉への着目

家庭内暴力の多くは，身体的な暴力以外に，心理的・感情的・言語的暴力，性的暴力，そして経済的暴力の諸相があると定義されていることは先に指摘した．しかし，これらは家庭内暴力に限ったことではない．いじめ，ハラスメント，そして性犯罪や監禁事件なども類似の側面をもつ．重要なことは，家庭内暴力が生成する家族の関係性をきちんと把握することだと考える．これを〈関係性の病理〉という視点から特徴づけておきたい．

家族の関係性は唯一無比である．たしかなことは，恒常的に営まれる過程で形成された〈関係性〉が，暴力を生成させ，誘発する〈場〉となっていることである．その〈場〉は，家族の力動が作用し，〈磁場〉のように動的である．そこに，暴力や虐待を召喚させてしまうような a way of life（生きる術，処世の方法）が見い出せる．ライフスタイルとして結晶化された生活の仕方があり，そこでの家族同士ならではの葛藤と衝突が，暴力と虐待へと変換させられていく．感情の変換器のようにしてそれが作動している，ともいえる．

たとえば，その a way of life は，虐待の場合，リスクマーカーという言葉で特徴づけられることがある．妊娠に関するリスクマーカーとして「望まぬ妊娠・出産」があり，たとえば，「妊娠届が遅い，妊娠中の健康診断を受けていない，未婚，妊娠中に夫が死亡・別離，育児不安，乳児特性（泣き声，匂い，おむつ替等）に拒否的なこと」が指摘されている．子どもに関するリスクマーカーとして，「多児，低出産体重，先天異常，慢性疾患，精神発達遅延，期待と異なる児」とされている．親のリスクマーカーとして，「精神疾患，アルコール中毒，薬物中毒，知的障害，性格障害，育児知識や育児姿勢に問題，親自身が被虐待」がある．家庭のリスクマーカーとして，「育児過大（多子，病人を抱えている），夫婦不和，孤立家庭（転居後，配偶者の単身赴任や死別，実家と絶縁，他人からの援助に拒否的），ひとり家庭，経済的不安定，未入籍，反社会的生活」が指摘されている（谷村雅子，2001）．これらの一つひとつはどこの家庭でもありうる出来事だとしても，これらのいくつかをその家族らしく一つのカタチとしてまとめあげ，a way of life としていく経過の中で，暴力誘発性を高めていく．

また，個別の事例にはその a way of life がよく表現されている．たとえばこんな事例がある．知的障碍のある男性がようやく結婚した．自身も養護施設出身だった．親も彼の障碍を受容できずに心理的な遺棄状態の中にあったという．しかし，障碍があろうとなかろうと，愛も恋も冷めることはある．離婚したいという彼女に対して，自分の思いや苛立ちをきちんと言語化できないというコミュニケーション上の障碍と経験不足が彼の暴力の契機となった．この場合も定義上は DV となる．しかし DV 加害者としての対応が功を奏するとも思えない．

また，別の事例がある．彼女は母親として目一杯にがんばっていた．専業主婦として，2人の子どもを育てていた．地域の活動も，幼稚園や小学校の保護者会の活動も，何もかも．しかし，夫の実家との関係が悪かった．夫は典型的なマザコン男性で，姑の顔ばかりみている様子．何かと介入してくる姑がいやだった．いいとこ取りの育児しかしない．姑は孫に小遣いをあげたり，おもちゃを買ってあげたりするので，子どもたちはなついている．何となく報われないと思い始めた時から心理的な変調が始まった．落ち込む日々．家事や育児にエネルギーが出てこなくなった．気力がない．うつだと診断された．薬で楽になり，気分のよい時は結構ハイになる．お母さんが豹変したと感じた家族は児童相談所に相談し，母親が不安定な養育困難状態にあるとされた．2人の子どもは夫の実家に預けられた．夫も実家に戻って行った．妻はまた寂しさが増していく．うつ病の治療と生活の立て直しの日々となったが，どうすれば家族が再会できるのか指示が欲しいと思っている．母親だけを分離したこの決定はますますその母親を孤立させる．「ふんだりけったり」なのである．どうすれば家族が再び一緒に暮らせるのか．焦燥感だけが増していく．

これらは，リスクマーカーだけをみて，行為の点で判断すれば，確かにDVと虐待となるのだが，行動化の裏側にある対人関係への欲望を見逃せない．千差万別の家族の関係性は，万華鏡のようにして，一つの像を結んで，「暮らし方」として編まれている．だから，ジェノグラム[3]を描きつつ，当該家族の暴力と虐待を紐解いていくと，〈関係性〉，つまり，家族の相互作用，かかわり合い，そして，コミュニケーションのシステム（カタチ）として取り出すことができるものが浮かび上がってくる．〈関係性〉をみることで，要素として列記されたリスクだけをみていては理解できないものがみえてくる．その相互作用の中には，社会規範に抵触する行為，触法的・犯罪的な行為，人道に反する行為がみられたりする．また，躾と称した暴力，愛しているからといって殴る夫の「犯罪にならない暴力」も遍在する．くわえて，不法行為だけではなく，何気ない行為の中に抑圧的なものが作用していることがある．依存，抑圧，甘え，愛着などの日常的な関係のことである．さらに，過剰な期待としての教育はまた別の抑圧となっている．だから，家族的コミュニケーションのシステムの歪みや偏りは，そう明確に異常と正常として区別できない．家庭内暴力としてはあらわれない，たとえば，自傷行為，ひきこもりなども，〈関係性〉の歪みや偏りの反映といえる．

ここでは，要素としてのリスクだけに還元しないようにするために，その〈関係性〉をみえやすくする，「シークエンス」という言葉を使いたい．個々の要素としては点のようにして存在しているリスクを，一つの線として編み上げていく，その動力のことである．そうしたリスクが相互に組み合わさり，以下に述べる，行動，認知，感情の相互関係において，どのようにして暴力や虐待を誘発しているのかを分析し，当該家族の生きたシステムを把握するための視点である．暴力として行動化することで表現している当該家族の関係性について考察することを意図したものである[4]．

(2) 家庭内暴力の過程を微視的にみる

DVや虐待で殺人となるような事例を想定するだけではなく，そこへと至る過程を代表するような多数派の事例をみる必要があるだろう．センセーショナルで稀少なケースをもとにした対応は誤りのもととなる．あるいは，稀少な事例においても，家族の歴史や家族のつくるシステム（諸関係の有様）のエピソードを丁寧に分析すれば，結果だけではない過程がみえてくる．虐待やDVという包括的な言葉で事例をみてしまうのではなく，暴力と虐待が，その〈関係性〉において必然化した，微視的な生成過程（シークエンス分析）をみることで，効果的な介入の方策を得ることができる．

第1は，行動という側面に焦点をあてることである．暴力と虐待を何らかの「問題対応行動」としてみる．そうすると，ひと続きの行動の連鎖として，その人や当該家族の有する「問題対処行動」がみえてくる．たとえば，子ども虐待という行動が発生する前後には，しつけ問題（と当人たちが称する）が存在している．これは親にとって都合の悪い行動，親の期待に応えない行動，そして子どもの障害，病気によるものであることが多い．DV加害の場合，加害者の多くは「妻にも非がある」という．しかし，その非は，恣意的にねつ造され，定義された妻へのラベルであることが多い．たとえば，家事や育児がきちんとできていないことが異口同音に加害者から非としてあげられる．加害者の恣意的な定義がそこにあり，それを「不快」としてとらえ，解決するために暴力となるという．だから，「俺の暴力は正当なものだ」というシークエンスができあがっている．しかし，ここにあるのは，殴られ，虐待される側に何らかの非がある「問題行動」ではなく，虐待し，暴力をふるう人間の「行動問題」なのである．この違いをきちんとすることは重要な点である．虐待者の「行動問題」が相手の「問題行動」へとすり替わっていくシークエンスである．この奇妙さを内包してその〈関係性〉があり，その奇妙さを通して，当該家族の〈関係性〉の「歪み」がみえてくる．

第2は，認知という側面に焦点をあてることである．加害者は暴力を用いてもいいのだという認知の仕方，信念，そして考え方をもっている．虐待を肯定する価値や意識がそこに埋め込まれているともいえる．たとえば，「これは虐待でなくてしつけだ」「愛しているからこそ妻に暴力が出てしまうのだ」などという考え方がよく示される．これは意味づけのシークエンスである．自己を正当化するための認知のメカニズムが作用している．物事の解釈や意味付けの仕方はその加害者がもつ思考の枠組みである．暴力を用いて何かを満たそうとする行動の合理化を支える思考と信念の体系が，この認知という側面である．社会が提供する意味付け（必ずしも体罰を否定しない文化や男性的な意識や態度など）を都合良くまとめ上げ，自分の加害を正当化する．

第3は，感情という側面に焦点をあてることである．暴力を用いて何らかの感情的満足を得ている．自分の期待通りにならない事態に対して，相手を非難する否定的な感情が生起する．思い通りにならないことへの苛立ちが他者を攻撃する感情として対象化され，行動化を促す．甘えともいえるし，勝手な思いこみともいえるが，親しい者へ一方的に保持してしまう感情である．感情的な依存と総称できるだろう．見知らぬ第三者には出てこない感情である．これは感情規則となり，自己の暴力から何らかの感情的な快楽を得るシークエンスを成している．

(3) 学習した暴力を脱学習すること

暴力が召喚された〈関係性〉は，問題解決の社会的資源をあまり持ち合わせない脆弱さをもつ．a way of life として形成した，当人たちの問題解決のカタチは習慣化している．それは反復した学習の過程で身につけ，状況に対応し，生き抜くための「やり方」となって，当人や家族のライフスタイルとして固まっている．だから，暴力や虐待のない生活への援助は，それを反転させ，「脱学習 unlearn」するための，他者や社会資源の力を借りて，臨床的な援助を動員する過程となる．その a way of life に含まれる不適切さを解除していくという意味での援助となる．これが個別の脱暴力行動への援助である．その端緒は司法による強制力，外部からの通報，親戚からの指摘など，外圧であることが多い．

図式化すると，「暴力や虐待など望まれない行動化→司法等の第三者の介入→ライフスタイルの点検（環境・関係性アセスメント）→『行動問題』としての再定義→選択肢の開発（暴力や虐待を回避するための資源と技法の提示）→脱学習としての継続した支援の実践→行動変容のアセスメント」という連鎖を組み込んだメニューが，その個人と家族のために開発されることとなる．これは，DV加害者や子ども虐待者の更生のための援助である．

5　脱暴力的なライフスタイルへの臨床社会学的な援助

(1)　暴力をなくすことへの社会臨床的援助

私は，家庭内暴力の加害対策は，行動と意味のシークエンスを主体的に組み替えることへの援助実践であり，司法という何らかの強制力による社会の対応であること，そして暴力の要因を個人的な資質や性格に還元せずに，〈社会性〉との関わりで考えることを重視するので，司法臨床社会学的（forensic clinical sociology）な介入と位置づけている（中村2004b，2006c）．当該家族や当事者が自らの変化を可能とするような援助が必要となるが，リスクマーカーによる対応は初期の介入では有益だが，ピンポイントの対応に陥ることを回避するための，加害当事者自らの主体的なシークエンスの組み替えや，ライフスタイルの点検を可能とする司法ソーシャルワーク的な関与が求められる事例が多い．

そのためには，ジェンダー意識の中でも男性性と暴力の関係，中でも相手をコントロールしようとする行動との関連，「甘えと依存」の背景にある母性的な文化や集合的な心理との関連，家族をユニット化している社会制度との関連，暴力を否定しない男の子の育ちの過程との関連など，微視的な相互作用と巨視的な相互作用の「あいだ」にあるものを捉え，それらを媒介変数として位置づけてみることが大切だと考える．以下では，特にDVについて，男らしさの価値観や態度との関わりを考えてみる．

ＤＶ加害者は，今まで妻に暴力をふるうことに罪の意識がなかった分，事態がよく理解できない．自暴自棄になったり，逃れた妻子を追跡したり，怨恨の感情を社会へとふくらませたりするかもしれない．大半のDV加害男性は，夫婦喧嘩だと思っていたのに妻から「あなたの行為はDVだ」と指摘され，呆然自失となり，地方裁判所から保護命令を発令され，家庭裁判所から夫婦関係調整という名の離婚調停に呼び出されたりする．加害男性の精神衛生も悪化する．この時に，彼らを脱暴力の方へと向かわせる行動援助の機会があれば効果的である．

(2) 脱暴力への具体的なアプローチ

では，DV，虐待に介入する司法制度や臨床技法はどのように位置づけられ，展開されるべきなのだろうか．諸外国ではDVや虐待のケースについて，上述の脱学習を意図した加害者向けのカウンセリング受講命令という「暴力の脱学習プログラム」が導入されている．日本はこうしたタイプの加害者対応を実施していない[4)]．いくつかの民間相談機関の取り組みであるDV加害者向けのグループワークがあるだけである．たとえば，私もその一員である「メンズサポートルーム」での活動がある．精神科医やカウンセラーが主宰するグループワークもある．グループワークだけではなく，個人の相談や場合によっては夫婦面接を行うこともある．最終的には離婚となるケース，あるいは再同居を希望するケースがある．子どもへの虐待が含まれているケースもある．20代の若者から60代の高齢者まで，職種も暴力の形態も家族の事情も異なるDV加害男性たちが集まってくる（中村，2004a, 2006a, 2004c, 2005b, 2005d参照）．

DV加害男性たちのグループワークでの語りから垣間見えることはたくさんある．私の経験から，次のように整理できる．第1に，暴力をふるうことへの独特な認知と行動と感情の傾向（「他の男性もやっている，別のことでストレスがあった，衝動的だった」などとして合理化し，中和化するような意識）をもっていること，第2に，自分の思うようにならない事態への対応行動として暴力が行動化されること（殴らなくてもいいのにそうしてしまうが，その時の様子を語る言葉にリアリティがみえないこと），第3に，妻に言葉で責められたあげくの行動として暴力が出てくると意味づけていること，第4に，妻や母など愛着対象への依存的な心性があり，暴力として発現させてしまうこと，第5に，伝統的な家族観や女性への意識を育った家族の中で学習してきたことである．

グループワークに継続して参加し，自己をみつめ，暴力を認知し，変化の方へと歩み出すことそれ自体がとりあえずは大事である．この過程は，男らしさ意識の変容，女性依存の克服，自立的な家族観の涵養ともいえる．こうして生き直しへの貴重な一歩が始まる．その結果，被害者への謝罪や反省がようやく開始される．DVへの介入と加害者へのアプローチは，再び加害者にならないことを援助することである．そのことが社会の安全を確保し，被害者の安全を保障する上でも大切になる．DVの加害は，行動化され，身体化され，非言語化され，感情化され，ジェンダー化された，つまり愛着対象への変形された「欲求」(自分のものにしておきたい，思うようにならない感情のはけ口など)だと理論的には理解できる．

社会的対応としては，対人暴力を伴うので，司法による被害者の救済が危機介入として必要である．さらに，分離の後には，心理社会的な行動変容への支援による加害者への更生的な援助が必要となる．その手法，技法そして理念はすでに民間の援助者により開発され，実践されている．

このDV加害への対応の幅は広いと考える．触法性の高い行為への刑事罰的対応から，「大人の非行」とでも形容できる教示的な対応レベルまでの幅がある．体系化すれば，相談，指導，教育，指示・教示，介入・処置，矯正，更生として整理することができる．家庭内でしか暴力をふるわない者もいれば，家庭内外で粗暴な者もいる．後者のようなタイプの加害者は狭い意味でのDV加害者向けのプログラムには不向きである．脱暴力・非暴力への行動変容の手がかりは，こうしたDV加害の行動的・コミュニケーション的特質を把握し，対人暴力を止めさせる援助だと考える．彼らの心理的問題はそれからの対応となる．

(3) 行動化 acting out としての暴力

家庭内暴力は親密な関係で生起する「行動化 acting out」としての暴力という特徴をもつ．ひきこもりや不登校の子どもが親に向ける暴力，障碍のある人が介助している家族に向ける暴力，認知症のお年寄りが時にみせる世話する人への暴力などは依存的心性を背景にしている．虐待する母親が子どもに向ける暴力も，生活と養育の責任を押しつけられることの孤立を背景にしている（養育を期待される母親という地位と養育する環境ではないことの落差が大きい）．DV 加害も逆説的ながらこの特性が見い出せる．つまり，「男らしさの鎧」として暴力をみると，家庭内の弱者にのみ向かうのだから，仮面，虚勢そして劣等さの裏返しとしての卑怯な暴力使用であることがわかる．彼の何らかの脆弱さを覆い隠すための「偽りの力」の発露だともいえる．自己の存在を証明するために誤って用いられるエネルギーとしてその行動化がある，と考えている．

行動化は，暴力という虚勢を用いて示そうとした行動問題である．DV 加害についていえば，「劣等的な男性性の補償行動としての暴力」という意味である．つまり，男性的な価値をわかりやすくまとめていく安直な力動として暴力がある．暴力として行動化され，それを正当化する認知的な機能が作用し，感情的にも満足を得るという連鎖の中で発生する力動である．

更生に向けた援助はこの行動化に照準を定め，それを反転させていく援助となる．まずは，暴力を消去するための対案的な行動化がめざされる．ソーシャルスキルやコミュニケーションスキル，共感的に対人関係をつくるための敷居の低いトレーニングである．そして，認知のフレームの転換である．相手の問題行動という定義を，自らの行動問題へと変換させる気づきの導入である．暴力を肯定している意味付けの体系の修正ともいえる．感情については，怒りの感情を処理する「怒りマネジメント的アプローチ」などの多様な技法を用いた，スキル志向的なプログラムを導入し，感情規則の書き換えをめざす．

先に紹介した加害男性同士のグループワークはそれを実現させる具体化である．グループワークが異なる男性性の気づきを促すからであり，そこが既存の男性性とは異なることを体験し，認識する格好の場所となるからでもある．特に，加害の言語化にとっては大きな効果を期待できる．行動，認知，感情のそれぞれと，自己の暴力と妻と子どもの被害への気づきが統合されていない加害者の断片化された主観的世界を，一つの意味あるまとまりへと展開させていくまたとない機会となる．男性がこの社会で生きていく過程で身につけている価値観や行動パターンの中には，暴力を肯定する側面がある．そして，感情面では，ストレスや困難に直面した時，きちんとそれを表現することにも慣れていないことが多く，喜怒哀楽を表に出すことをよしとせず，行動化してしまうこともある．もちろん，男性がDV加害者となることが多いので，こうしたジェンダーアプローチが必要となるが，女性同性愛者同士や女性が加害者となる事例などもDVにはあるので，家庭内における「パワーとコントロール」の関係として把握することが重要だろう．

こうして，単に個別的で多様な事例の家庭内暴力事案があるというのでもなく，あるいはまた，支配と従属関係からすべてを説明し，男性対女性という具合に単純化するのでもない立論においてＤＶを意味づけるためには，微視的過程と巨視的過程の双方を合わせもった中間的変数をおいた説明が必要となる．既述のとおり，男性性と暴力，コントロール行動，退行現象と依存などの論点が不可欠となる．

6　「個人化するリスク」をこえて ―なお，社会病理を語ることの重要性―

(1)　家庭内暴力のラベルの張り替え

微視的過程を重視する目的は，DV，子ども虐待，老人虐待，ストーカーなどという包括的なラベルでは見落とされていく事柄が多いと思うからである．殺人という「終局的な形態」にのみ関心を向けるのではなく，微視的な相互作用を中間的な変数において捉え直してみると，包括的なラベルの水面下の暴力生成の過程がみえてくる．

具体的に考えてみたい．虐待とラベルづけているが，その内実は多様である．たとえば，嬰児殺し（1歳未満の子殺し），新生児殺し（出生後24時間以内の殺人）という殺人がある．親の精神病，望まない妊娠と出産，偶発的な事故，産褥期うつなどが背景にあるといえる．さらに，孤立した親による育児のストレスが暴力的に発散されることもある．あるいは姑との関係が悪いケースあるいは夫とその母の境界が設定できていないケース（マザコン男性）で，母親が子どもにあたるような虐待がある．さらに，母親のうつなどが原因で養育にエネルギーが出ない場合（ネグレクト）や情緒不安定で暴力となる場合がある．また，子どもに障碍があり，親の知識不足で育てにくい子としてみてしまうことがある（障碍があり，将来を悲観して子殺しがある場合もあり，mercy killing ＝哀れみ型殺人という）[5]．また，性虐待は独自な被害を構成し，ケアには長期の構えが必要である．

先述したリスクマーカーという把握は，医療者からの定式化である．暴力を誘発する負の要素に焦点をあてたリスクアプローチといえる．虐待の場面で，「個人化するリスク」をあぶり出したといえるだろう．しかし，こうしたアプローチだけでは，当人がもつ肯定的な要素や可能性の側面には光があてられないし，変化の可能性をどこに見い出すのかについての議論が残るし，貧困など当人の責任ではないものも含まれる．だから，虐待する家族やDV加害への更生的な援助には，別の視点がいる．その当事者たちがもつ変化への可能性にもラベルをつける必要性ということである．

こうして考えていくと，従来の議論に加えて，虐待や暴力の過程を分節化して，諸段階ごとに対応を考えていくという視点が大切である．虐待という言葉を使用せずに，まずは殺人と区別する．次に，ネグレクト（子育てへのエネルギーが出てこない，知識がないなどの養育拒否）と区別する．そして，育児の知識不足，ストレスや不安の次元にあるものを区別する．さらに，家族関係（というシステム）の不和が動因となって発現する場合も区別する．また，虐待事例ではよくある父親行方不明あるいは居所不詳なども，父親責任として何らかの義務を課すべき課題がある．性虐待は独自な加害として類型化すべきである．虐待の中のレイプ（意に添わない性行為の強要）やDVは女性に対する暴力としてあるので，性暴力という性格を有する．デート・バイオレンスも同様である．加えて，陰性感情の処理としての攻撃性による虐待的行為は，感情コントロールについて問題化しうる．これらは連続線上にあると考えた方がよい．母親が加害の場合は，家族関係の歪みや産褥期前後の心理的不安定さ，父親が加害の場合は，DV を含んだ暴力による激怒が動因となって死に至るような虐待があるともいわれ，そうすると，ジェンダーという変数をも射程に入れる必要がある．DV も同じで，まずは家庭内外で暴力をふるう一般的に粗暴な加害者と，家庭の中でしか暴力をふるわない男性を同列視できない[6]．一般的には，男性としての典型的なジェンダー意識をもち，暴力を否定されることのない育ちをしてきた者が示す感情発露や行動化としての暴力，男らしさの発露としての暴力，さらに軽微に夫婦喧嘩で終わる可能性のある暴力など，画一的に DV と総称しては加害者対策が歪むだろう．

また，家庭内での老人虐待については，介護をめぐる現状を無視できない．特定の人に介護を押しつける場合は，介護強制となり，虐待が発生しやすくなる．密室化しがちな介護を福祉資源へと開くことが大切となる．虐待者を罰して終わりとはならない．

(2)　個人化するリスクと心理主義化―不安な社会―

しかし，微視的過程に注目することには別の意味の注意が必要である．それは，現代社会ではラベルが心理主義化している点である．虐待し，暴力をふるってしまう個人の内面に力点がおかれ，原因が語られる．愛着障碍，被虐待のトラウマ（暴力の連鎖）などという具合に．DV の場合のジェンダー関係的な要素，虐待の場合の貧困（虐待者の就労の不安定さ，単親家族の生活の不安定さなど）という要素がみえにくくなる．微視的過程への注目は包括的にラベルを貼ることの問題を回避できたとしても，現代社会の趨勢としてある逸脱行動の心理化された説明を加速させてしまうことにも留意が必要である．

心理化したラベルは，まとめて「リスク」として語られることとなる．各種の事件から構築された社会病理現象を焦点にして，〈不安〉という集合的な意識が増大し，「安全・安心社会」（＝セキュリティ保障）の形成をめざした社会管理の仕組みが構築されつつある現在に対応している．家庭内暴力もその要素の一つとなって「安全・安心社会」形成のために動員されているということだ．ある現象群を社会病理として人びとに感受させるセンサーは，現在では，臨床心理学化・精神医学化された〈不安〉の意識である（個人化するリスクとして，第6章でも同じ事が言葉を変えて指摘されている）．リスクのある主体の存在がそうした認識フレームを通して浮かび上がる．

その〈不安〉は平穏を脅かし，各所に潜むリスクを察知することを喚起させる．統計的にはまれな事例を過大に一般化していくことで，こうした一連の思考と感情の連鎖がリアルなものとして構築されていく．たとえば，「大阪・池田市大阪教育大学附属小学校乱入殺傷事件」を契機に制定された「心神喪失などの状態で重大な他害行為を行った者の医療及び観察などに関する法律」（平成15年）がその典型である．これは，精神障碍者，発達障碍者，薬物依存症者らの「危険性」の強調と対になって制定された．入院命令を発する権限を裁判所に与えたが，法律制定の契機となったこの事件の犯人には死刑が執行された．心神喪失ではなく責任能力があったということだ．結果としては本末転倒した法化である．衝撃的な事件（まれな事例）の「過剰な一般化」であり，リスクをもとにした社会管理の一例である．

こうしたリスク要因を心理主義的個人へと焦点化させていくと，社会的な問題であることの認識が後景に退き，自己責任論が動員される．必要な社会福祉サービスや適切な情報提供，育てにくい子どもをもつ親への育児支援，母親への育児負荷，父親の無関心などの社会的な次元の課題がみえなくなっていく．その結果，「病理の社会性」が消されていく．家庭内暴力は，社会の病理として語られずに，個人の病理，あるいはせいぜい家族の病理として語られることとなってしまう．社会病理といいながらすでに〈社会〉はそこにはなく，危険な行動へと駆動されるリスクをもった個人として浮上する．個人化するリスクである．

こうした事態に対して，たしかに，家庭内暴力への関心を高める必要はあるが，新しい社会病理への管理や対策を召喚することになる「個人化するリスク」という方向での関心ではなく，私的領域や親密な関係における公共的なあり方の模索という方向での関心をもつべきだろう．親子，夫婦，恋人という非対称性を示す二者関係における「対等さ」とは何か，ケア行為に内在するストレスをなくす社会的サービスの確保のあり方など，〈社会性〉のある主題として定式化することが大切だと思う．社会病理として家庭内暴力を考えていくことは，こうした〈社会性〉に係留して問題を把握していくことを意味している．

7　おわりに

「個人化するリスク」社会の進展とともに，精神医学，臨床心理学，犯罪心理学，脳科学論などの人間科学によって暴力や虐待を説明する「科学的逸脱行動理論」が目立つことになるだろう．それを受けて，「安全・安心社会形成」をめざす「逸脱対策論」が，リスク要因を保持する個人への対策として機能していく可能性がある．多様なリスク要因をかかえた人びとが逸脱に至る潜在的要因保持者としてクローズアップされていく．社会病理学はそうした中で何ができるのか，何をすべきなのか，今後のゆくえを考える素材に事欠かない．常に〈社会〉の変化を先駆的かつ先端的に担うのが逸脱行動なのだから，やはり社会病理現象を通して〈社会〉の様態を見極めていくことが肝要だろう（中村，2005c, 2006c 参照）．本章は，家庭内暴力を素材にしてそうしたことを考えてみた．

・注

1)　ケアする二者関係にはこうした非対称な関係がつきまとう．それは実は社会的な属性でもあり，事実上のパワーとコントロールの関係が「上書き」されていく．家族という集団においてみると，親子と夫婦という二重の非対称かつ社会的な関係が埋め込まれていることとなる．さらに，親子は自分を起点にして上と下への関係としても構造化されている．また，これらは親密な関係としてもあるので，家庭内暴力は親密な関係における暴力と呼称されるべきである．家庭内暴力という名称では恋人関係での暴力が入らないからである.

2) システムとしての家族といういい方は，家族療法論に由来する．家族の関係性をコミュニケーションシステムとしてみる立場であり，関係性のとり方に焦点をあてて，コミュニケーションの歪みを修正するカウンセリングなどが可能となる．問題を個人に帰属させずに，コミュニケーションシステムに帰属させるこうしたアプローチは社会病理学的な発想と近似している.

3) ジェノグラムは，虐待やDV，非行など家族の問題を図式化するのに使われる「家系図」のことであるが，カウンセリングの場面では，当事者とともに大きな紙や黒板などを使いながら書いていき，当事者が自らの問題を外在化させていくには恰好のツールである．家族の相互関係が図示され，そこにどんな関わりがあるのか，言葉を共同で付与していく，という具合に使っている.

4) 問題の連なり方あるいは生成の過程を重視するアプローチであり，そうすることで問題に介入する諸階梯がみえやすくなる．臨床的な援助を組み立てる際にも，大きなラベルで包括的に規定せずに，介入の段階を詳細に組み立てやすくなる.

5) 諸外国ではすでに導入されている仕組みである．アメリカで使われることの多いプログラムのテキストを翻訳したものとしては，ソンキン（2004）参照のこと.

6) 慈悲殺については，たとえば嘆願書などで刑の減軽を求める運動が起こる際によくみられる．介護などが行き詰まり，殺人を企て，自らも死のうとした事例などにみられる．心中という物語はその典型である．しかし，社会のもつ共犯関係がそこに示されることが多い点には注意が必要だ．安楽死，尊属殺なども含めて広く事例を集めることができる．こうした世間の共犯関係を意味する反応も社会病理学的な研究対象となる.

7) 殴る男性の類型論は英語圏ではすでに精緻に議論されている．参考になるのはダットン（2001）である．内藤朝雄（2001）は「市井のバタラー」として多数派にこそ注目すべきだとしている．さらに，アメリカ司法省はすでに世界に先駆けて形成されたDV加害者プログラムの研究を行い，均一な加害者を想定して実施してきた加害者再教育プログラムの効果に否定的な結論を出し，加害者の多様性に着目した対策の樹立を提起している.

・引用文献・

ダットン, D. 他（中村正訳 2001『なぜ夫は，愛する妻を殴るのか』作品社）
内藤朝雄 2001『いじめの社会理論』柏書房
中村正 2001『ドメスティック・バイオレンスと家族の病理』作品社
—— 2004a「ＤＶ加害者へのアプローチ」『家族心理学年報』第22号
—— 2004b「座談会・臨床社会学の可能性」『アディクションと家族』第29巻第4号

―― 2004c「DV－加害者をどうするのかという問題が問いかけること」『現代のエスプリ』第441号，至文堂
―― 2004d「DV」『社会病理学講座第 4 巻　病める関係性』学文社
―― 2005a「家庭内暴力の加害者への対応」コミュニティ心理学会『コミュニティ心理学研究』第 8 巻第 1 - 2 号，pp.41～48
―― 2005b「臨床社会学試論－社会病理学との関係において」『立命館産業社会論集』第41巻第 1 号，立命館大学産業社会学会，pp.93～103
―― 2005c「DV 暴力加害への対応をめぐって－更生的援助ニーズと司法臨床」『立命館大学心理・教育相談センター年報』第 4 号，pp.63～70
―― 2005d「暴力加害にむきあう－ジェンダーと男性性の視点をとおして」『精神療法』Vol.31, No.2，金剛出版，pp.73～75
―― 2006a「動機づけられていないクライエントへのグループワーク－DV 加害男性と共に」『精神看護』vol.9, no.3，医学書院，pp.55～59
―― 2006b「DV 加害への司法臨床－司法臨床社会学 forensic clinical sociology の視点から－」『現代のエスプリ』第472号，至文堂
―― 2006c「〈臨床〉から〈臨場〉へ－開かれた臨床の視座」『現代の社会病理』第21号，日本社会病理学会
―― 2007（印刷中）「殴る男－親密性の変成にむけて」市野川容孝編『身体をめぐるレッスン』岩波書店
ソンキン, D. 他（中野瑠美子訳 2003『脱暴力のプログラム』青木書店）
谷村雅子 2001「我が国の子どもへの虐待の実態」『教育と医学』49巻 4 号，慶應義塾大学出版

補章
更生保護制度改革のゆくえ

1 日本で一番悪化したものは？

2005年4月10日付けの朝日新聞朝刊によると，「日本で一番悪化しているのは『景気』ではなく『治安』」であるという．これは，内閣府が実施した「社会意識に関する世論調査」(2005年2月調査) の結果を報じたもので，「悪い方向に向かっている分野」を聞いたところ，「治安」が47.9％で最も多く，これまでの調査で毎回トップだった「景気」を初めて抜いたという[1]．

「水と安全はタダ」といわれていたのは，もはや昔のことであり，「犯罪情勢が悪化」「少年非行の低年齢化・凶悪化」「外国人犯罪の深刻化」「過剰収容の悪化」などのフレーズがありふれたものとなり，治安に対する国民の肌で感じる不安である「体感治安」の高まりも恒常的となった．防犯意識の高まりとともに，NPO や地方公共団体の防犯活動の活発化が，地域での連帯感を育んでいるのも見聞するものの，犯罪や非行に向けられる「社会意識」はますます鋭敏となり，これまであまり気に留められてこなかった事件や分野にも焦点が当てられてきているといえよう．

これまで焦点を当てられてこなかった分野として，刑事司法の一翼を担っている更生保護もあげられる．非行少年や犯罪者の保護観察（保護観察官と保護司の協働態勢の下，保護観察対象者等に対して指導監督及び補導援護を実施する）を担ってきた更生保護であるが，現在，改革が求められているところである．以下に，進行しつつある更生保護制度改革について簡単に紹介する．もとより，文中において意見にわたる部分は私見である．

2　更生保護のあり方を考える有識者会議

2004年11月に発生した奈良県における元保護観察対象者による女子児童誘拐殺人事件，2005年２月に発生した愛知県安城市における所在不明中の仮釈放者による幼児通り魔殺人事件，2005年３月に判明した保護観察付執行猶予者による少女監禁事件などがマスメディアを賑わせた．いずれの犯罪も衝撃的なものであり，これらを惹起した犯罪者の素性がワイドショーで暴かれ，その個人の生活歴や性癖などが明らかにされるとともに，これら犯罪者の再犯が相次いだことの責任の所在として，保護観察の実効性に対して国民の厳しい目が向けられるようになった．

これを契機として，国民の期待に応え得る，より実効性のある更生保護の在り方について議論するため，2005年７月に「更生保護のあり方を考える有識者会議」が発足した．野沢太三元法務大臣を座長とする有識者たちによる17回の会議，７回の保護観察所や更生保護施設などの実情視察も踏まえて，およそ１年間にわたり議論がなされ，同有識者会議の最終報告書「更生保護制度改革の提言－安全・安心の国づくり，地域づくりを目指して」が，2006年６月に，法務大臣に提出された[2)]．

この報告書は，保護観察対象者等の改善更生や再犯防止という目的を十分に達成できていないとし，更生保護が抱える問題として以下の３点を示している．

① 更生保護制度の運用についての国民や地域社会の理解が不十分なこと．

② 民間に依存した脆弱な保護観察実施体制であること．

③ 指導監督・補導援護の両面で保護観察が十分に機能していないこと．

そして，改革の方向性として，次の３点があげられている．

① 犯罪や非行をした人と共に生きる社会へ．

② 官の役割を明確化し，更生保護官署の人的・物的体制を整備することにより，民間への依存から脱却し，実効性の高い官民協働へ．

③ 保護観察の有効性を高め，更生保護制度の目的を明確化し，強靭な保護観察の実現へ.

3 「最終報告」の提言事項と改革の方向性

さらに，この報告書は，具体的には改革のための提言事項として6点あげている.

① 改善更生・再犯防止機能を強化した強靭な保護観察の実現.

② 執行猶予者保護観察制度の運用改善等.

③ 仮釈放のあり方の見直し.

④ 担い手のあり方の再構築.

⑤ 国民・地域社会の理解の拡大.

⑥ 更生保護制度に関する所要の法整備.

いずれも法務省及び更生保護官署が一体となって実現しようとしているところである. 具体的に検討課題として示されたものは，①として，処遇プログラム受講義務，簡易尿検査受検義務，居住指定制度，処遇者との接触義務，訪問の受入義務，生活状況の報告義務など保護観察対象者に新しく義務を科し，保護観察の実効性を確保することなどである.

② では，すでに2006年3月に執行猶予者保護観察法が議員立法で改正され，これまで執行猶予付保護観察対象者の転居や長期の旅行は届出制であったものが許可制となり，また，新たに，対象者ごとに適切な特別遵守事項の設定が可能となったことから，施行後の運用を適切に行う必要がある.

③ では，仮釈放の許可基準の明確化，仮釈放の際の被害者意見の適切な取扱いなどが検討されている.

④ では，保護司への対応の充実，保護観察官の専門性の強化，保護観察官の増員を始めとする人的及びその他物的体制の整備，更生保護施設の充実と公的な処遇施設として「自立更生促進センター（仮称）」の推進など，これら具体的な検討がなされている.

⑤では，地方公共団体及び民間ボランティアとのさらなる連携強化，広報活動の充実のみならず，犯罪被害者等への支援[3]があげられているところである．

⑥では，今まで述べてきた提言事項の法改正が必要な事項について，新法である「更生保護法（仮称）」に盛り込み，平成19年通常国会に提出できるよう所要の準備を始めているところである．

4　更生保護制度改革のゆくえ

これらの多くの改革は新法により最終的に達成されるものが多いが，「更生保護のあり方を考える有識者会議」の最終報告が提出されるまでの間，少しずつではあるが「改革」が進行しつつあり，また，新法成立を待たずに実施されていく施策も多い．スピード感をもって，矢継ぎ早になされていくべきものとなっている．

警察との協力による保護観察中の所在不明者の保護観察所による調査の強化，無職者による再犯を防ぐための厚生労働省との就労支援プログラム，性犯罪者処遇プログラム[4]の策定と，2006年度中の開始が主なものとしてあげられる．いずれも所在不明者，無職者，性犯罪者の再犯を防止することを射程に入れた施策である．

ただ，「再犯防止」が強く叫ばれ，そのための施策が打ち出されて行く中で，これまで保ってきた保護観察対象者との心の距離をどう置いたらいいのだろうか．ひとりの保護観察官としては少し居心地の悪さも感じてしまう．もし，対象者の改善更生を忘れ，「再犯防止」のみを強調することになれば，「体感治安」の悪化という社会意識の代弁者として，対象者との距離はますます大きくなってしまうのではないか，そうなれば，「有識者会議」の最終報告に記されている改革の方向性の１つである「犯罪や非行をした人と共に生きる社会へ」向かう道筋が霞んでしまうことになりかねない．

今後，更生保護官署においては新たな犯罪被害者等施策をも実施することになる．これまで，あまり被害者に目を向けてこなかった更生保護は，ようやく加害者と被害者を繋ぐ結び目の一つとなりうることになる．更生保護に身を置く人間としては，さらに被害者をも含めた「共に生きる社会」を目指す改革の一助となりたいと感じているところである．

・注

1）「社会意識に関する世論調査」の2006年２月調査を参照すると，「治安」をあげた者の割合が38.3％と最も高く，ついで「国の財政」(33.2％) となっている．http://www8.cao.go.jp/survey/h17/h17-shakai/index.html 参照.

2）「更生保護のあり方を考える有識者会議」の議事録及び「最終報告書」については法務省ホームページを参照のこと．http://www.moj.go.jp/KANBOU/KOUSEIHOGO/index.html

3） 2005（平成17）年12月，「犯罪被害者等基本計画」が閣議決定され，更生保護の分野に関して，新たな施策として，更生保護官署が，保護司との協働態勢の下，犯罪被害者等に対する刑事裁判終了後の加害者に関する情報を提供すること，犯罪被害者等の心情等を加害者に伝達すること等が盛り込また．これらの新たな施策については，２年以内に必要な施策を実施しなければならないことになっている．

4） 刑事施設と連携しながら，2006（平成18）年度から，保護観察所では，認知行動療法に基づいた「性犯罪者処遇プログラム」が開始されることとなっている．

索 引

あ 行

か 行

さ　行

ま　行

や　行

ら　行

わ　行

社会病理のリアリティ

2006年10月10日　第一版第一刷発行

編著者　山元公平
高原正興
佐々木嬉代三

発行所　㈱学文社

発行者　田中千津子

JASRAC 出　0610865-601

〒153-0064　東京都目黒区下目黒3－6－1
電話(03)3715-1501　(代表)　振替　00130-9-98842
http://www.gakubunsha.com

落丁，乱丁本は，本社にてお取り替えします。
定価は，売上カード，カバーに表示してあります。

印刷／シナノ印刷㈱
<検印省略>

ISBN 4-7620-1610-1

©2006 YAMAMOTO Kohei, TAKAHARA Masaoki and SASAKI Kiyozo
Printed in Japan